成长手记系列

读懂童心

刘成纪　著

教育科学出版社

·北　京·

序　一

一

2014年7月20日，邮差上门，送来一个红艳艳的邮包，里面装着北京大学的录取通知书以及入学须知、交费清单等资料，这证明我的孩子顺利被北京大学录取了，他可以进入心仪的高校学习了。

其实，在接到孩子入学通知书的那一刻，我并没有特别地激动。这是因为，他的高考带给家庭的巨大压力，在考前的一年间已被陆续释放掉了。去年11月，我的孩子以所在中学综合评价第一的成绩，获得了北京大学"中学校长实名推荐"资格。此后的考前"一模""二模""三模"，他的成绩也相当稳定。当然，按照中国目前的高考制度，平常表现再优秀也不算数，关键还是要看最后的一"哆嗦"，所以考后的一段时间，像魔术师将要揭开盖子一样，最让人提心吊胆。2014年6月23日，高考成绩终于出来了，他考了701分。这个分数，虽然与北京市的状元相比有十几分的差距，但在国内任意挑选一所名校并无任何问题。7月14日，北京大学招生网上的一篇名为"北大在京录取结束，基础学科专业分数首超经管"的报道被国内各大网站转发，其中提到我的孩子："这位在小时候就读过很多化学家传记，经常对着药品说明书上各种各样的化学式发呆的优秀考生，在填报志愿时毫不犹豫地选择了化学。"既然官网的报道已经将他当成了本届考生的榜样，至此，结果也就没有了任何悬念。

作为一名长期在高校工作的教育工作者，我清楚地知道这种高考制度在人才选拔上存在的弊端，这也是让人难以真正兴奋的原因之一。一个孩子，从胎教、幼教到小学、中学，十八年努力奋斗的结果被聚集于高考的短暂两天，这种方式未免过于残酷。没有人愿意考虑，那两天如果正好孩子生病或遇到种种的意外怎么办。近年来，为了解决这一问题，国家扩大了高校的招生自主权，如中学校长实名推荐制、自主招生等，但这种方式也极大地压缩了考生通过最后一搏实现人生梦想的空间。过于强调公平，容易将考生的日常表现断送；照顾到考生的平常表现，又会减损最后的公平。这确实让人感觉陷入了两难。同时，对于中国的家长而言，最大的愿望无非就是让孩子将来可以在名校接受教育，而且越到高中阶段，这种愿望变得越迫切。但作为一名长期在高校工作的教师，我知道某些所谓的名校，在一定程度上只不过是被公众和媒体共同杜撰的神话。它可能总体上徒有其名，也可能某些专业的实力不如其他普通院校。

但同时我也认为，世界上没有真正完美的教育制度，也没有真正完美的大学。制度的意义在于为人的竞争制定游戏规则，名校与非名校的区别则在于为这种竞争提供一个需要努力实现的目标。实现了这一目标，虽然并不意味着孩子将来一定成功，但它又确实是孩子在人生的某个阶段相对成功的证明。正是因此，不抱偏见地看待中国的教育制度，然后从中寻找有利于孩子健康成长的正能量，是中国家长的真正任务，也是唯一选择。

从这个角度讲，我不得不承认到目前为止，自己还算一个成功者。

二

也许就是因为这种所谓的成功吧，最近一段时间，在接受亲朋好友祝贺的同时，也不断被问及培养孩子的“秘籍”。说实在话，在与孩子共处的十八年中，我一直视他为一只可爱的宠物。记得在他小时候，我最喜欢的一项活动，就是带他在傍晚的杨树林里散步。当时，我双手插在裤兜里在前面走，他则像一只小狗一样在后面“橐橐”地跟着。这一意象，是我关于他幼年时期的最美好回忆，也代表了此后我们父子之间相处的最基本格调。我愿意将这种关系称为一种“散步”式的关系，其中蕴含着爱、游戏、自由、宽容、怜惜、尊重、责任。如果说有什么“秘籍”与大家分享的话，这种散步的闲适和从容大概最能为亲子关系定性吧！

在父子或母子之间，共同的生活历程就是这样一场美好的散步过程。孩子跌倒了，帮他拍拍身上的泥土；孩子远离了父母的视线，给他几声轻松的召唤。这一过程没有强制，没有胁迫，但又保持了方向和目标的一致。一种松散的自由与相互牵引的共识，使散步成为既尊重孩子个性又保持必要约束的象征。当然，在父子或母子之间，这种散步式的愉快是相互给予的。也就是说，如果我们想让孩子体验到自由宽松的家庭氛围，前提就是自己要有一种自由而充满趣味的心境，能和孩子真正玩到一起。同样，如果我们想让孩子养成良好的生活或学习习惯，前提则必然是首先戒掉自己的不良嗜好或恶习。所谓“身教重于言教”“桃李不言，下自成蹊”等，讲的就是这个道理。

作为一位教育工作者，我相信教育对人性重塑和改变的力量。尤其在孩子刚刚降临人世的最初三年，教育更显现出它无所不能的伟力。这是因为，幼儿阶段的孩子，心灵如一张白纸，既可能被人轻易涂上永难抹去的污浊，也可以从此画出美丽灿烂的画图。正是因此，我长期提倡幼教，认定幼儿一至三岁的成长环境和经历，甚至会成为他一生人性和行为方式的决定性分界点。同时，这最初的三年，也是年轻的父母与孩子良好互动方式的形成期。在这一时期，我们一方面需要承担起养护、教育孩子的责任，但另一方面，我们并没有对如何做一个称职的教育者做好充分准备。在大多数情况下，面对这个幼小的生命，我们愣头愣脑，我们笨手笨脚，我们茫然不知所措，我们在黑暗中摸索。结果，这对幼儿成长极具意义的三年，就在这种摸索中被无端晃荡过去了。自此形成的亲子互动模式，无论是对的还是错的，均会伴随孩子一生。俗话说：“三岁看老。”这被“看”的并不仅仅是此后孩子的成长与发展，看的也是我们如何为做称职的父母确定最初的范型。

由此看来，在孩子降临人世的最初三年，父母其实承担着两项最基本的任务：一是养护、教育孩子，二是自我培养、自我教育。父母作为施教者，他们的自我教育远比教育孩子更重要。我至今庆幸，在孩子幼年时期，父子之间形成了轻松自由的“散步”式关系，这种关系作为一种模式，也就从此贯穿了他的成长过程。二十多年前，汪曾祺先生写过一篇散文，叫作“多年父子成兄弟”。用这句话描述我和孩子多年的关系，应算是最恰如其分的了。这也意味着，无论是在孩子幼年还是随后的童年、少年时期，最伟大的教育可能正是放弃教育，即最大限度地克制望子成龙的紧迫感和焦虑感，借此为家庭创造出一种轻松而快乐的环境。这种环境能让孩子自然产生对家长的信任和对家庭的归属感，而这正是一切教育的起点。

三

但是，我说“最伟大的教育正是放弃教育”，并不是放弃教育本身，而是意在克服一般教育露骨的目的性和手段的粗糙，让它能以不露痕迹的方式潜隐于幼儿的日常生活之中。这是一种不教之教，是寓教于乐，它追求“于无声处”实现对幼儿心性的熏陶和改变。关于这种教育方式的施行方式和效果，有慧心的读者可以从该书记录的我与孩子的生活片断中得到领悟。除此之外，我还想提醒大家注意以下三个问题。

一是要坚持不懈地和孩子说话，将语言交流视为幼儿教育的最重要手段。

幼儿的成长是从牙牙学语开始的。语言不仅让孩子体验到声音本身的乐趣，而且为他认识、理解世界提供了最便畅的通道。早期的幼儿没有语言能力，他往往只是被动的倾听者。当然，他即便再认真地倾听，也未必能搞懂大人们在说些什么，但是在这种情况下，和孩子说话仍然十分重要。这是因为，孩子也许听不懂你说什么，但专注地倾听本身就无形中培养了他的思维聚集能力，并对说话者形成一种潜在的尊重。等孩子长大后，我们往往会说他是一个“听话的好孩子”，这个“听话”就是人从幼年时期不断听父母说话逐渐养成的习惯。

随着月龄或年龄的增长，孩子将不再满足于做这个世界的被动倾听者，而是要主动向世界发言。一般来讲，孩子一岁左右开始对周围事物的称谓感兴趣，最爱问的问题是“这是什么”，两岁左右开始对事物的存在原因感兴趣，最爱问的问题是“为什么”。这种简单的提问当然会给“好为人师”的父母带来极大的心理满足，但他永无止息的提问也极容易让人厌倦。对此，作为称职的父母，保持必要的耐心是重要的。这是因为，按照人在幼年时期的认知规律，孩子首先是倾听，其次是指认（“是什么？”），再次是追问（“为什么？”），最后是形成判断，开始独立向世界表达意见。在这一过程中，如果我们不能大容量地满足孩子的认知需要，他的心灵世界将因此变得枯萎、干瘪、狭窄。如果我们不能以充分的耐心参与到孩子的问题之中，他的认知热情将受到打击，对外部世界的兴趣将因此减损，同时在幼年时期就种下对父母缺乏信赖的心理萌芽。

在我看来，在幼儿期，父母不但要以充分的耐心与孩子对话，而且这种对话还必须是持续性的。每次持续的时间越长，越有利于孩子将来形成良好的学习习惯。比如，对于许多小学生家长而言，最头疼的问题就是孩子做作业缺乏专注性——往往一边做作业一边玩玩具，或者还没坐稳就想跑出房间做其他事情。之所以会造成这种状况，最重要的原因就是在幼儿期没有培养孩子长时间专注于一个问题的能力。可以想象的是，如果我们曾经让他的思维长期“纠缠”于一个关于“是什么”或“为什么”的问题，或者我们曾经用持续不断的生动情节让孩子沉迷于一个故事不能自拔，那么，孩子将会从幼年期就表现出对一件事情的专注性和耐久力。这种做事专注和耐久的能力，不但能彻底解决孩子上学后做作业不专心的问题，而且对他一生做人做事都是不可或缺的良好品质。

二是自幼年起就培养孩子良好的作息习惯，为生活建立起最基本的、有规律可循的秩序。

一个刚来到人世的婴儿，就其本质而言，原本不过是一团有生命的肉球球，然后慢慢滋生出了感觉、情感、精神和灵魂。他的存在方式，也无非表现为最基本的两种，即要么醒着，要么睡着。这种幼小而单纯的生命，不会像成年人那样因为思虑过多而半梦半醒，而是倒头便睡，瞬间即醒，睡和醒互相构成了对方的边界。这样，安排好孩子的夜晚睡眠也就等于有效规划了他白天的生活。相反，睡眠的无规律则是他一生陷入混乱无序状态的起点。

据我观察，孩子不良的作息习惯往往是因父母而起的。现代人工作紧张，职场压力大，往往要靠夜晚的娱乐活动对这种压力进行释放。各种不得不参加的社交应酬活动，更使过正常有序的生活成为奢望。但是，对于已为人父、人母的青年男女而言，为了孩子的成长，必须对这种晨昏错乱的生活做出改变。首先，睡眠的无规律对孩子的身体和智力发育都会形成负面影响。其次，夜晚缺乏有效而正常的睡眠，必然导致孩子用白天时间补充睡眠。这样，就相当于他无论白天还是黑夜都是生活在黑暗之中的，他的感知力其实对五彩缤纷的世界处于永恒的关闭状态。另外，我们往往会发现，许多父母被孩子的夜哭折磨得心力交瘁，甚至精神崩溃。根据我的了解，这种夜哭的习惯，可能也有父母种下的前因——年轻的母亲在怀孕阶段作息无规律，容易导致孩子在母腹中就发生生物钟错乱。

我认为，无论孩子还是成人，一天的生活安排都是对睡与醒这个基本时间框架的进一步细化。也就是说，只要我们给自己何时睡眠、何时起床设定一个不可僭越的底线，白天的生活规划也就清晰起来。对于孩子而言，婴幼儿阶段一般8：30左右入睡，小学阶段9：30左右，初中阶段10：00左右，高中阶段最迟也不能超过11：30。有了这个底线在，他何时必须完成作业、如何抓紧睡眠前的时间更有效地完成作业，也就变得清晰明了。自小学始，我从来没有督促过孩子做作业，除了每天必须在作业本上签名外，也没做过其他更复杂的事情。因为我知道，只要规定了固定的上床时间，他做作业必须有紧迫感。同时，只要晚上的睡眠时间得到保证，他白天也必然精力旺盛，上课注意力集中，这样，日常的作业就不易出错。

三是以行为训练和环境控制代替空洞说教，对孩子的自觉性保持有限度的信任。

记得大学时期，我曾在教室的课桌上读到一行糊乱涂抹的字："理智所要拒绝的，情感却偏要接受。"是的，无论是成人还是孩子，人的情感与理智、所知与所行之间总是存在着难以调和的矛盾。比如，教育专家总是教育青少年不宜早恋，但有些孩子还是克制不住去恋爱。成年人从小就受种种法纪教育，但依然有一些人做出违法乱纪的事情。这证明，理论说教和人的善良愿望都是不可信任的，都无法有效解决人知与行的矛盾问题。

在幼儿教育中，这种矛盾更显尖锐。首先，一个尚处于成长发育阶段的孩子，他虽然乐于和大人说话，但对父母要表达的内容却缺乏足够的理解能力，尤其对一些抽象空洞的大道理，更是连一知半解都做不到。其次，经过父母的不倦教诲，一些孩子可能会明白什么可以做、什么不可以做，但他的自控或自律能力往往比成年人更脆弱。比如有些事情，他明明知道那样做会感到羞愧，甚至会受到父母责罚，但依然会像驴拉磨一样陷入一种行为的惯性圈套。面对这种状况，我认为解决的方法有三种：一是根据孩子善于模仿的天性，身教永远重于言教；二是按照日久成习的一般规律，用重复性的训练使好的行为成为习惯；三是环境决定人的行为模式，良好的外部环境可以对人的行为形成自然而然的约束和限定。

关于这三种方法，我想借助孩子们最迷恋的电子游戏做一简要的说明：孩子对电子产品的迷恋是有规律可循的，一般而言，婴儿阶段最喜欢广告，幼儿阶段最喜欢有简单故事情节的动画片，童年阶段就开始尝试电子游戏，直至沉迷其中不能自拔，有的还形成网瘾。单就如何解决孩子的网瘾来讲，父母的率先垂范是最重要的。如果年轻父母本身就是资深网虫，每天下班后的第一要务就是上网打游戏，他对孩子提出的要求就缺乏说服力。孩子只会有样学样，甚至变本加厉。另外，我们必须意识到，今天的孩子毕竟生活在网络时代，熟悉网络是他适应社会变化的必然选择，享受由此带来的快乐则是他应有的权利。我们的目的不是让他与网络游戏绝缘，而是使他在可节制的时间范围内玩游戏。

要解决这一问题，一种可行的方式就是将孩子玩游戏的时间固定下来，同时父母与孩子形成长久有效的默契或协议。有了这种默契，孩子可以在一周的某段时间心安理得地“过大瘾”，有效避免了父母唠叨给他带来的巨大屈辱感。长期坚持这种默契，孩子也就形成了相对固定的游戏习惯，在何时可玩、何时不可玩之间有了清晰的理性判断。当然，在许多时候，父母与孩子之间形成的默契也是不可信任的。围绕电脑，双方更像在玩一场猫捉老鼠的游戏：一方总是保持高度警惕，另一方则总是在寻找机会冲破戒律。对于这一问题，一种有效的解决手段就是将可以上网的电脑置放在家庭的公共空间中，比如客厅，让外部环境成为制约或监督的无形力量。

四

以上就是我对孩子教育的基本想法。有慧心的父母们可以发现，一方面我主张美好的亲子关系是一种“散步”式的关系，主张让孩子保持童心、自由自在地生活，另一方面却又设想出种种手段对孩子的自由进行限制。

这两者显然是矛盾的。更深入地看，行为训练的机械性、习惯养成的老谋深算，使所谓的自由教育成为一种欲擒故纵的诡计，所谓的“散步”则成为一张慢慢向孩子撒开、然后又不断收紧的“阴谋”之网。但是很明显，我们无法承诺给孩子一种无边界的自由。无边界的自由就是放纵，就是在为自己对孩子的不负责任寻找冠冕堂皇的借口。在这种理想与现实的矛盾中，我们所能做的，只能是最大限度地避免伤害孩子自由快乐的天性，用一种不露痕迹的方式让孩子对种种社会规则和行为规范自然而然地接受。这种训练追求将一些好习惯“偷偷”植入孩子的幼年生活中，确实有点老谋深算的味道，但也唯有如此，孩子才能顺畅地接受。

同时我要说的是，对孩子良好习惯的训练最好在十岁前完成。因为在这个年龄段，他的自主意识不强，十岁以后，他的自主意识或自我防护意识会逐渐加强，甚至会变本加厉地表现出来，这就是我们一般所讲的叛逆期。到这一年龄段，他开始对父母的教育保持高度警觉，并不分青红皂白一概抗拒。同时，他也有足够的智力识破父母苦心孤诣设计出的种种与教育有关的“骗局”。总之，到这一年龄，如果再想对孩子的种种习性进行有效的塑造，显然已经晚了。正是因此，我特别赞同“教育要从娃娃抓起”的说法，并且越早越好！

一方面要尊重孩子的天性，给予他最大的自由，另一方面要进行有效的训练和管束。我前面说过，这种教育方式极类似于一场猫捉老鼠的游戏，让人不想为、不忍为又不得不为。但是，如果在孩子的成长过程中，这种教育是必需的、有效的，那么就让我们以快乐的心态来面对它，将它看作一种在捉与放、擒与纵之间晃荡的有趣游戏吧。孩子长大之后，肯定会识破父母这种既用心良苦又有点“笑里藏刀”的教育手段，但绝不会因此心生仇恨或敌意——他顶多耸耸肩，来一点自嘲或故作不满地笑笑罢了！

关于这种教育方式给孩子带来的心理感受和影响，我愿意将孩子十八岁成年礼前夜写的一段短文实录如下，供大家评赏——

亲爱的爸爸：

从初来北京开始，本来就三个人的家又少了三分之一的常住人口。我依然是我，而您则把当妈的工作也一并揽下了。所以，很多时候我会不由自主地把您当作好欺负的"奶爸"，常常说您做的饭"难吃"（最近几年确有进步！），常常与您由于一点鸡毛蒜皮的事吵架（我是真不想干！），也常常被您扣上"不忠不孝"的骂名（我相信不是认真的）。确实，家里由于少了一个"常任"的妈，缓和摩擦的空间与余地或许会少，但我却从不把它们放在心上。咱俩能吵得那么狠，又好得那么快，还不是因为感情好吗？

我每天放学回家大大咧咧地问一句"人呢"，您总会同样玩笑地回一句"*Here*"。每当您往我身边一坐，我也像"闹脾气"一样走开。每当咱俩谁吃撑了，都会相互卖萌似地抱怨。这一幕幕在今天回忆起来，都格外地暖人心脾。

记得读过汪曾祺的一篇散文，叫"多年父子成兄弟"。一间屋子，两个大汉，相依为命，互相取乐。这样夹杂着嬉笑怒骂的"二人世界"，大概可以称得上是"兄弟关系"了吧。您这些年对我诸多爱护，诸多干涉（多是琐碎之事，而关乎人生大事的文理科选择、报志愿却从未使用过父亲的强权），更像是一个患难与共的兄长，而非皇帝老儿一样的严父。同样地，您对我像兄长一样混杂着"监护"与"放养"的管理、培养，令我有了今日乐观积极、勇敢自信的性格，把我从一个带着婴儿肥的小胖墩喂成了一头肥胖的公牛，也让咱俩的关系显得有些尴尬。不愿意点明，没关系啦！

兄弟之情，不是浸着"柔肠粉泪"的毫毛所能写就的，等我哪天愿意陪您来两杯酒，而您再乘机把我灌醉，咱俩再好好地放下架子，谈谈这十八年酒一样发酵出的父子、兄弟情！

五

这本小书是我对孩子一至三岁成长过程的片断记录，其中涉及幼儿心理特征、成长规律以及父母应对方式，相信可以供大家借鉴。另外我感觉更重要的，是书中传达出的一种有趣的游戏心态、一种随孩子一起“弱智”的耐心和勇气。这种耐心和勇气，是幼儿教育的王道。它有助于培养孩子健康、乐观、充满趣味的个性，比一些技术性的东西更重要！

当初，这本小书的内容被记在了一打笔记本里。十多年来，每当重新翻阅，读到其中的一些段落，就不觉莞尔。这让人体会到，和幼儿共处是一件多么快乐和幸福的事，这个过程是多么值得回味的美好经历啊！可惜的是，按照那个时代的计划生育政策，一对夫妇只能生一个孩子，这意味着我费尽心思积攒起来的育儿经验，只能被自己使用一次，然后就被永远尘封于记忆、归于无效了。正是因此，我愿意将自己的“育儿经”贡献出来，与年轻的父母们分享，让更多的人少走弯路。同时，也让我自己对已逝的青春时代有一次重温和回溯的机会。

最后，我要感谢我的孩子。他才是这本书的真正作者——是他幼年时期的杰出表现完美演绎了该书的内容。同时，是他十八年来的亲密陪伴，使我免于孤独，并对人生的美好保持了坚定而恒久的信仰！

刘成纪

2014年8月15日于北京师范大学励耘寓所

序　二

这本书记录了孩子一至三岁间的成长片断。为什么选择这个时间段？我确实有自己的想法。我感到，在孩子出生后的相当长一段时间，他的需要可能是纯粹生理性的，他躺在母亲的怀抱或者摇篮里，吃喝拉撒等几乎是他生活的全部内容。在这种情况下，一个父亲，他最合适的工作只能是为“战斗在第一线”的妈妈提供给养，而无法进行哺乳之类的深度参与。比如，为了保证母亲奶水充足，他要不断在各个菜市场之间奔忙；为了让母子的生活保持正常，他需要经常逛商场，购买尿不湿等保洁用品。总之，这时，父亲基本上是一个采购员、保洁员或搬运工的角色，他需要做的90%以上的工作是不需要动多少脑筋的体力活。

六个月以后，情况就不同了。孩子的妈妈休完了产假，她要抛开孩子去应付工作。这种情况意味着，如果父亲有闲暇，他必须承担更多的育儿工作，甚至从抚养孩子的配角变为主角。同时，这时的孩子也不再单单是一个只要吃饱喝足就在脸上绽放笑容的机械肉体，而是对情感交流、思想沟通有了强烈需要。这时，作为父亲，他曾有的那种被排斥感和边缘感可能会得到缓解，他将有机会与孩子的世界发生更深刻的关联。

当初，我曾像许多父亲一样在产房外焦急等待，左右徘徊，好像每一分钟都长过了百年。但是，在孩子出生后的相当长一段时间，我似乎又感到这新生的幼儿似乎有点陌生、有点疏远。是的，他是从母亲身上掉下的肉，是吃着母亲的奶水一天天成长，他在母腹里就和妈妈建立了一种生死相依的亲密关系，出生之后也是整天喝着母亲的乳汁、望着母亲的脸。这时，父亲的存在对孩子到底有什么意义呢？

但是，自从孩子白胖的身体中慢慢滋生出了精神，一切就大大不同了。

我有一个看法，母亲与孩子的关联更多是肉体性的，父亲和孩子的关系则更多是精神性的。如果男性曾因无法参与孩子肉体的孕育而有被排斥感，那么他就应该通过对孩子精神的孕育，对这种缺憾做出补偿。

正是基于这种想法，我感到在孩子出生后，作为父亲，他应该有更多的智力投入。我国古代著名的幼教读本《三字经》上讲过："子不教，父之过。"虽然这种讲法带有太多的男权色彩，甚至会因此成为当代女性抨击的目标，但我想，一个男人勇于将教育孩子的任务作为自己的天职，这绝对不是什么过错。这总比做一位不负责任的甩手掌柜要好。

一位魔法师对着一个玩偶吹了一口气，这玩偶就站立起来，变成了一个能行走、会说话、有思想、有情感的人，这是童话故事提供给我们的神奇场景。现代电脑技术也给我们提供了一种如下的可能性：将一个电脑芯片置入人的大脑，他就会自动成为一个智力发达、人格完整、行为中规中矩的人。果真如此，我们将不需要再为幼儿教育发愁，甚至从小学、中学、大学直至研究生之类的专业教育，也将一并会被视为多余。

科技的一切目的，归结起来就是帮助人们化繁难为简易。但是，在这种神奇的电脑芯片还没有发明出来之前，我们今天还不得不继续为孩子的培养付出艰辛的劳动。在生活中，我们常常看到，对于许多精神饱满、青春洋溢的青年夫妇，孩子的出世成了他们生命历程的重要转折点。男人的头发长了、胡子忘刮了、精神萎靡了，女人脸色黄了、身材臃肿了、越来越像个絮絮叨叨的中年妇女了。这些变化，预示着生儿育女确实是个让人身心俱疲的苦差，它让迎接新生命的欢欣多了几分与青春岁月依依惜别的伤感和苦涩。

除了体力的消耗，我相信，年轻父母在育儿过程中的衰老更多和心情的糟糕有关。用快乐的心情去面对和消极被动地去承担这一任务，将会给我们的身心带来截然不同的影响。由此我总想，既然不管你的心态如何都必须肩负起对孩子的养育责任，那么，与其整天一脸苦相，还不如主动从这一工作中寻找快乐，甚至强迫着自己去乐观。

回想孩子一岁到三岁的成长过程，我感到自己从中体验到的更多是快乐。孩子在很大程度上类似于家中一个可爱的宠物。你出去散步，他总是像小狗一样跟在后面"橐橐"地走。你坐在家中的沙发上休息，他会像小猫一样躺在你怀里期待爱抚。在日常生活中，你也许会和妻子闹别扭，在工作上也有诸多的焦虑和不顺心，但此时一旦看到孩子天真无邪的笑脸，一切烦恼可能就会烟消云散。这时，孩子就不但是父母的玩伴，而且是一把可以打开一切心结的钥匙了。

宋代词人辛弃疾曾在他的《清平乐·村居》中描写了一幅美妙的乡村图景：

茅檐低小，溪上青青草。醉里吴音相媚好，白发谁家翁媪？

大儿锄豆溪东，中儿正织鸡笼。最喜小儿无赖，溪头卧剥莲蓬。

词中，已经满头白发的农家老汉生了三个儿子。老大在田里干活，老二在家中劳动，只有顽皮的老三最悠闲自在，他趴在小溪的旁边，倒翘着双脚剥莲籽吃。是啊，小孩永远有玩耍的权利，他的顽皮给人带来一种童真的乐趣。记得有一次，我曾经煞有介事地告诉孩子："现在，你最重要的工作就是好好玩！"是的，看孩子津津有味地玩耍，总能使我们感受到生活的可爱，并激起对自己无忧无虑的童年生活的美好回忆。

作为父母，我们永远不要剥夺孩子玩耍、游戏的权利，因为"过家家""搭积木"等活动不但可以使孩子从中对自己成人后的生活进行演习，而且可以培养他健康的人生态度和乐观的个性。许多家长出于望子成龙的强烈渴望，怕孩子输在人生的起跑线上，所以往往还没上幼儿园，就开始带着他在形形色色的早教班之间奔忙。每当看到这种情景，我总能感受到孩子的可怜和父母的荒谬。孩子的世界是不沾染任何功利色彩的，而我们对他的期望和要求却无一不带有赤裸裸的功利目的。这种需要和给予之间的巨大矛盾必然会导致一个可怕的结果，即为了让孩子学习一门技艺，却弄丢了他自由而童真的心。

人，往往因为爱而失去理性，因为失去理性而变得残忍而愚蠢。为了让孩子学会一种技能，我们过早地夺走了孩子童年应有的快乐，夺走了他人性、智力全面发展的大好时机，这不是愚蠢又是什么？我总认为，孩子如果没有健全的人格、乐观的个性，技术性的东西只能对他的成长造成伤害。成年后，这种被拔苗助长的孩子，往往无法面对社会的复杂变化，或者因为无知而轻易跨入道德和法律的禁区。这样，我们经过了千辛万苦之后，那期望中的“龙”往往并没有出现。

孩子在游戏和玩耍中得到的快乐，在很大程度上是一种沟通和交往的快乐。也就是说，平常有一两个玩伴参与他的游戏、分享他的快乐是很重要的。但在现代中国家庭，给孩子找几个固定的玩伴确实不易。在这种背景下，父母除了允许孩子自由地玩耍之外，还要承担起孩子玩伴的角色，即将自己的心理年龄充分调整到和孩子同龄的状态，去分享他的快乐。

我总感到，一瞬间忘记自己的年龄和身份，参与到孩子的游戏中，对成年人来讲是一种莫大的幸福。这不但使我们实现了和孩子真正意义上的沟通和交流，而且也让我们有机会复习一遍自己已逝的童年时光。是的，在成年人眼里，孩子的快乐是如此不需要理由，孩子的游戏是如此简单，但孩子从中得到的快乐却又是如此真实、如此强烈。这难道不有助于我们恢复对生活的敏感，重新从细微处发现平淡生活的意义吗？

作为成人，虽然我们好像承担起了对孩子的肉体和灵魂进行双重孕育的责任，但我总感到，我们从孩子身上学到的东西一点也不比孩子从我们身上得到的少。现实中在对物欲的追逐中，我们忘记了最简单的生活往往是最快乐的生活；在人与人之间的尔虞我诈、钩心斗角中，我们忘记了最质朴的心灵往往是最容易被他人认可的心灵。在日常生活中，我们也一次次地体验到成人之间的冷漠和相互设防，但两个孩子在街上碰到就马上可以成为好朋友。作为成人，我们因自我的异化而不幸丧失的这些美好品质，不正是孩子可以重新给予我们的吗？

所以我真心相信，孩子，这一最单纯、最质朴、最真诚的生命形态，其实是成人的一所学校。我们如果放下自命的教育者身份，放下居高临下的傲慢和自负，其实可以从孩子那里学到很多很多。有时候，在和孩子忘情玩耍的瞬间，我确实分不清到底是我在陪着孩子玩，还是孩子在陪着我玩。

在人的一切精神需要中，没有什么比游戏更源于人的本能，更可以作为人生而自由的象征。所以，一个在童年期曾经自由游戏过的儿童，他不但拥有了一个永远值得珍惜、怀念的童年，而且他从中体验到的乐趣、展示的自由创造力，将成为他一生最宝贵的精神财富。成年以后，那曾经自由游戏的儿童将像我们一样承担巨大的生存重负，这时，游戏的心态将成为缓解和减轻他精神压力的重要手段。在日常生活中，我们屡次看到，一位永葆童心的人往往活得轻松、乐观，而一位成功保持游戏心态的人，往往能举重若轻，轻易化解诸多人生的苦难。我们也看到，那些能从繁重的体力劳动中得到快乐，从而将被迫的劳动转化为生命享受的人，也是成功将劳动推向自由的审美之境的人。比如，宋代文豪欧阳修笔下的卖油翁，他将日复一日的卖油工作玩到了“自钱孔入而钱不湿”的化境，劳动在此就由痛苦转变成了快乐。战国时期庄子笔下的庖丁，他将一把杀牛刀玩得游刃有余，解起牛来就像跳桑林舞一样自由不拘，他的屠夫生涯也就变成了艺术生涯。这种游戏性的自由劳动使他得到了极大的心理满足，所以每次完成工作，他都会“为之四顾，为之踌躇满志”，然后怀着巨大的成就感“善刀而藏之”。

由以上分析可以看到，作为一位父亲，虽然肩负着培育孩子思想和灵魂的艰巨工作，但这个工作却是可以在快乐的游戏中进行的。玩耍使幼儿的心理需要得到满足，玩耍使孩子养成乐观向上的个性，玩耍可以使任何劳动都变为一种自由的艺术，玩耍使任何繁难的知识学习都可以在寓教于乐中顺利进行。可以说，一个“玩”字，道出了当代审美教育或素质教育的本质。

所以，在孩子一岁到三岁这个短暂的时间内，所谓的幼儿教育，其中心工作就是耐心地陪孩子玩。如果家长已失去童心，变得不会或不愿和孩子玩了，我希望这本小书能对您有所启迪。同时，如果您已经意识到了陪孩子游戏和玩耍的重要性，那就请接受我如下的建议：赶快抓住一至三岁这有限的时间和孩子玩。因为等他在幼儿园或小学里有了新朋友，您再想和他套近乎，他也不愿意理你了。

刘成纪写于郑州桃源

目　录

☆世界在外面

我学中文出身，对一个幼儿来讲，应该算是一位讲故事的高手。

我所住的楼房的南面，是一个废弃的工厂，那里矗立着一座烟囱。

因此，一般情况下，每当孩子在室内哭闹，我的应对之策不外乎两种：一是给孩子讲故事，二是抱孩子到阳台上去看高高的大烟囱。

但是，这两种方法就像止痛药一样，只有短期效果，当他再次哭闹的时候，最有效的办法还是去逛大街。

这时，我总会问：“宝贝，你想干什么，给爸爸指一指？”

孩子每次都是指向房门，并一连串地重复：“走，走走。”

那就上路吧。

把孩子放在自行车后座的小藤椅里，四处走走，总是十分愉快的事。但作为上班族，我们又有多少闲暇时间陪孩子呢？ 所以，闲逛也许是教子的重要时机——它一方面让父母享受难得的精神轻松，另一方面也能在寓教于乐中与孩子沟通。

孩子在出门闲逛的时候最高兴，外面的世界似乎对他有永恒的诱惑。

今天晚上，我首先带孩子在一个音像店前停下来。 虽然花花绿绿的磁带、CD 让他大饱眼福，但真正让他激情投入的还是大音箱里播放的节奏鲜明的音乐。 我将他放在店前的水泥地上，这小家伙竟不顾忌旁人的围观，美滋滋地反复摇起屁股来。

这时，他真诚地愉快着，旁观者开心地好奇着。 我则一方面在音乐和舞蹈中陶醉，一方面从别人的目光中享受骄傲和自豪。

离开音像店，我们最终的目的地就是这座城市正在修建的休闲场所。这个工程虽然还没有最终完工，但中间已修好了大片的水泥地。这是孩子们蹒跚学步的好地方。

在这片水泥地上，孩子首先注意到满天的繁星，然后是广场四周的巨型广告牌，再后来就是让他惊恐又好奇的大推土机。

但是，今天晚上，最令孩子高兴的还是玩了水。工地上有一根几十米长的塑料水管，在水管的接口处有水渗出，并在巨大压力下喷出一条水线。孩子用手摸那水线，感受着水线对手指造成的温柔的冲击。偶尔，水溅在身上，让他兴奋，让他打起舒服的激灵。

这时，我知道孩子的情绪进入了高峰状态。他摸摸水，看看我的反应，然后就禁不住憨态可掬地哇哇大叫了。

从那片工地回到家，已是晚上十点。临睡前，我问他：

“今天看到了什么？告诉爸爸。”

“机（推土机、飞机）。”

“还有呢？”

“星星。”

“还有呢？”这时，儿子脸上露出茫然的神情。

“玩水了没有？”我紧追不舍，虽然知道孩子还不会发“水”这个单靠舌头完成的语音。

“噢！”他兴奋起来。我知道，这是孩子表达兴奋、敬畏等混杂情绪的唯一语气词。

我喜欢向孩子提问题。有时，这种提问对懵懂无知的幼儿是残酷的，结果也往往会因答非所问而令人沮丧。

但是，我知道，这种提问又是重要的。它可以训练孩子不但用眼睛，而且用脑子面对这个世界。

看到的东西总会在瞳孔里一闪而过。 提问有助于锻炼孩子的记忆能力，让他将关于外部世界的经验有效地储存于大脑中。

☆关于哭泣

作为一个人，他的一生大抵离不开哭泣。他在哇哇大哭中来到这个世界，又在别人的哭声中与这个世界告别。在这个从生到死的过程中，如果说任何哭泣都和痛苦相连，那么我相信，由孩子的哭声传达的痛苦是最值得关切的。这是因为，没有什么人比孩子更脆弱、更无助，没有什么人像他们那样，无法靠自己的能力战胜痛苦。

但是，在形形色色的哭泣中，又没有任何东西像孩子的哭泣那样容易引起人们的忽视和厌烦。他们对生活中的每一点痛苦都过于敏感，所以哭泣成了他们存在的方式。他们的哭泣，从声音到面部表情，都没有经过任何修饰，所以除了制造噪声外，我们从孩子的哭泣中找不到任何美感。

有人说，孩子天生就要哇哇大哭的，如果他一生下来就对人笑，或者对周围的一切缺乏反应，那才真正让人害怕呢！也有人说，孩子的哭泣像夏日的雷雨，来得快去得也快。等他哭累了，也就开始笑了。

所有的观点都有道理，但作为父母，我们却无法克制一种冲动，即想方设法制止孩子的哭泣。这种冲动来自亲子之爱，来自对一个弱小生命天然的同情和怜悯。或者退一步说，它也可能来自对噪声的恐惧和厌烦——孩子，别再哭了，让我安安静静待一会儿吧！

父母的生命就是在孩子的哭泣中老去的。他鼓起小肚皮，张圆小嘴巴，似乎要通过声音释放出体内所有的能量，全然不顾他的听众的心理承受能力。面对这个“麻烦制造者”，妈妈将乳头塞到他的嘴里，爸爸抱着他左摇右晃。唉，怎么还在哭？还是趁天黑，到街上贴张小纸条吧！上面写上："天皇皇，地皇皇，我家有个夜哭郎。过路君子念三遍，一觉睡到大天亮。"

到了"不问苍生问鬼神"的地步，可见我们的无奈已经到了极点。但哭了一夜的孩子终于累了，他在太阳初升之际酣然入睡。

父母则头昏脑涨地去上班——坐在公交车上，周围的景物有些恍惚；走在路上，脚下轻轻，像踩着棉花。

☆三次尝试

和同事谈起孩子的哭闹，有人说：“办法简单得很，找片安眠药喂下去，一切问题都解决了。”

当然，这是笑谈。如果顺着这种思路想下去，似乎当初不生孩子更简单。

确实，在形形色色的哭泣中，孩子的夜哭是最难对付的，这种情况大致出现在孩子出生后五至十个月之间。在这一时期，为人父母者除了坚强地挺住，似乎找不到更有效的办法。

后来，孩子有了对世界的基本认知和判断，他的夜哭随之停止。此后的哭泣大多起于某一日常的经验性事件，和他的某种欲求没有得到满足有关。也就是说，夜哭是生理性的，而日常的哭闹则是心理性的。

对付后一种哭闹，我有一些心得。下面三种方式可以作为参考：

（1）有一次，孩子因为吃饭时抢筷子失败大哭不止。我首先恐吓，说筷子上有猫猫，没用。接着我讲道理，说筷子容易刺破脸皮或喉管，也没用。

情急之下，我也随着他大哭起来，而且声音比他还大。这时，他突然惊奇而略带畏惧地看着我，并用小手扳我捂脸的手。

我突然移开手做了个鬼脸，孩子马上破涕为笑，并因此忘了筷子的事。

（2）我发现，一个一岁半的孩子已经知道固执地去拿某种东西。这时，父母如果觉得有危险，往往大声呵斥，并会粗暴地从他手中将东西夺走。

这时，孩子的反应要么是情绪低沉地走开，要么是大声号哭。总之，他们在占有欲得不到满足时，心灵不可避免地受到创伤了。

后来，我试着以庄重对蛮横，一本正经地给他讲拿此种东西的危险后果，并用神秘兮兮的语调加以夸张。这时，孩子往往乖乖地将东西放开了。

显然，虽然教育家总是讲要对孩子讲道理，说明他该做什么或不该做什么，但周岁小儿并不知道什么叫“道理”，更听不懂“道理”的含义。

我的经验是，你只管讲，孩子听不懂你的道理，却喜欢你用讲道理的方式对待他。给某人讲道理意味着尊重和庄重，幼儿则可能从你的庄重中体味到你对他的尊重。

（3）人是一种有欲望的动物，这种特性在幼儿身上表现得尤其明显。同时，人也往往会因为一种更高层面的欲望的实现，而忘记相对低层次的欲望对象。这一点也在幼儿身上得到了鲜明的体现。

有一次，孩子手拿彩笔往墙上乱画，被我强夺之后便大哭。我打开电视说：“看，广告开始了。”哭声顿止。

又有一次，孩子被凳子绊倒，前额上跌了个大包，我马上将他抱上阳台，指着窗外说：“看，大烟囱！”

孩子依然两眼泪花，但哭声却戛然而止。他随着我手指的方向望过去，并兴奋地高呼：“大，大！”

☆自编故事两则

（1）从前，有两位小朋友，一个叫掐掐，一个叫拧拧。他们都是好孩子。你是喜欢掐掐呀，还是喜欢拧拧？

这时，儿子总是说他喜欢拧拧。

我也就在他屁股上“狠狠”地拧上一把。

（2）从前，在一片大森林里，有一只大老虎。它清晨醒来伸了个懒腰说：“噢，我要出去散步啊！”

它来到一条铁路边，看到一辆大火车从远方轰隆隆地开过来，就站在铁路中央，气愤地说：“你是谁呀，敢走我的路？”

大火车毫不示弱，更大声地说：“你是谁呀，竟敢拦我的道？”

两个大个子谁也不服气，都大嚷着让对方滚开，于是它们决定较量较量。

大火车和大老虎拉开架势，向对方冲过去。

“呼嗵”，大老虎和大火车都被撞到天上去了。

这是我儿子十分喜欢的一个充满暴力的故事。在我绘声绘色的讲解下，他瞪着眼睛，鼓着两腮，嘴里发出“噢噢”的声音。

☆一点感想

城里孩子幸福而可怜。他们整天吃鸡、鸭、鱼，猪、牛、羊肉，却不知道这些动物是什么样子。

我想要解决这个问题，有三个办法：

首先，平常到菜市场买菜，要带着孩子去。让他知道菜不等于菜糊，羊不等于羊肉，蛋不等于蛋羹。

其次，周日要带孩子到郊外走一走。让他知道蔬菜是从地里长出来的，牛羊是在地上行走的，鸡蛋是从鸡妈妈的肚子里生出来的。

再次，等孩子更大一些，要让他到乡下亲戚那里住一段时间，让他知道世界上不仅仅有电视、汽车、高楼，知道城市生活并不是生活的唯一类型。

☆词与物

带孩子出去玩，问孩子想吃什么，他总是说“包包”。

但当我买来了包子，他却一点吃的热情都没有。

另外，当我觉得孩子应该饿的时候，我总爱问：“宝贝，饿不饿？”儿子回答：“饿。”

“给你煎个蛋蛋好不好？”

“好！”

但鸡蛋煎好后，他毫无反应。

面对这种情况，我最初的反应是十分恼火，甚至据此认为，人天生就有说谎和不讲诚信的坏毛病。

后来，这种情况出现多了，我就得出了一个结论，即幼儿说吃什么、要什么、怎么样，是不能太当真的。他还没有能力将一个词和这个词所指的对象或行为联系起来，他对词音的爱好超过了对词所指对象的爱好，他和成人对话的欲望超过了对实物的欲望。

但是，只有一种东西是能让他达到言行统一的，这就是“奶”。半夜，他往往在睡梦中高呼“奶，奶！”而且一旦奶瓶放在嘴里，他总是吃得“叽叽”有声。

这是因为，奶和他的关系太密切了。他来到这个世界，吃的第一种东西就是奶，于是，奶也就成了他用语言与世界建立关系的过程中，被意义充盈的第一个词语。

☆言与行

最近，儿子特别喜欢摔电视机的遥控器。每次回到家里他做的第一件事，就是将遥控器狠狠地摔在地上。

他从破坏中获得了快感，但有多少遥控器经得起反复摔呢？所以，每一次，我总是要打他的手或屁股，直到他痛苦地大叫。

然后问："以后还摔不摔？"

"摔。"

再打一下，问："以后还捣蛋不捣？"

回答："捣。"

面对这种情况，真要气得人吐血。但很明显，孩子并不明白言语与行为之间的关联在哪里。

☆人生自破坏始

孩子的破坏欲大概是从一岁时开始的。为了启发他的智力，我试着用积木给他搭高楼，他马上用小手一下子推倒。有时给他看花花绿绿的图画书，他也一抓住就撕掉。

无疑，他从摧毁和破坏中获得了快感，这种愉快就像海边的沙堡被潮水冲垮给人带来的愉快一样。

面对这种让人无奈的现象，我深为孩子的顽劣而烦恼。但别的父母告诉我，这是孩子在这个年龄段的典型特点，到了一岁半的时候，他就不会这样了。

果不其然，今天，孩子对书和玩具已有相当的尊重。每天回到家，他就双手拿着书让我"讲讲"，并为我用积木搭起高楼欢呼。

或许，孩子对外界事物的认识是从破坏开始的，这是他理解世界的第一步。有时候，我们总是为孩子拆毁了玩具大光其火，但一个真正的工程师也许正是从这种破坏中诞生。

常言道："不破不立。"孩子也是如此。

☆恐惧体验

第一次强烈地意识到孩子的恐惧感，是在他一岁三个月时。

那次到儿童医院给他查微量元素，回来时经过下面跑着火车的立交桥。此前，我已在卡片上让他见识过大火车，这次准备给他建立感性印象。

于是，我停下自行车，抱起他站在立交桥上，等火车从远方驶来。

当孩子看到轰鸣的火车从身下钻入桥洞，他非常恐惧，拼命地贴附在我身上，发出尖锐的号叫。

等火车驶过，我赶紧回到自行车旁，想将他放进车后面的藤椅里，但他却怎么也不进去了。

我只好一手推车，一手抱起他，步行了近一个小时才到家。

这是一次十分狼狈的经历，现在回想起来，我还能感到胳膊的酸痛和内心的沮丧。

自此，我的孩子学会了恐惧。除看到图画书上的火车或别人提起火车就充满惊恐外，他对推土机、大卡车、拖拉机等一切模样古怪、力大无穷的东西也惊恐莫名。

无形中，他学会了一个词——“怕”。

☆告别懒觉

一年多来，每当孩子的无赖和顽劣折磨得人心力交瘁的时候，我总是对这个“贸然闯入者”“深恶痛绝”。他是我和妻子小别重逢的产物，对于他的到来，我们没有计划，没有心理准备，更没有对困难的充分估计。

每当此时，我总想大叫：“你回去吧，回到你妈妈的肚子里去吧！”但是，他既然来了，就“请神容易送神难”了，新婚之后曾有的美好生活成了一个永难回归的神话。

我相信，许多年轻父母都有过类似的心情。小时候，常听父母调侃说：“早知道你今天这么捣蛋，还不如当初不要你。”我想，父母当时的心情应当和今天的我一样。

回想起来，孩子出生一年半来对我生活方式的最大改变，就是根治了我爱睡懒觉的习惯。多年来，我养成了熬夜的习惯，凌晨两三点入睡，早晨九点左右起床。但孩子不管春夏秋冬，总是要在早晨七点至七点半起床。也就是说，当我美梦正酣的时候，他就要像小公鸡一样打鸣了。

由于睡眠不足，我曾一度神经衰弱，精神疲惫，脸色发灰，胡子像野草一样疯长。但孩子却一如既往地按时鸣叫，声音倔强而嘹亮。

最后，我终于像无数的父母一样屈服了，调整作息时间，紧随孩子的生物钟活动。

当然，有时候孩子会呼呼酣睡，到第二天十点还没有醒。但再让我享受睡懒觉的幸福，已彻底没有可能了。

☆挺住

当自己的孩子没有出生的时候，我常常对已为人父的同事充满同情和怜悯。他们有时抱着孩子在家属院里游荡，茫然的眼神透出一种悲剧性的沧桑感，他们在单位每周的例会上哈欠连天，甚至昏昏睡去。

最能显示他们“不幸”的，还是那张“备受摧残”的脸庞：面色灰黄，皱纹加深，几天不刮的胡子像野草一样蓬勃生长。

这些情况，使我对生子抱有强烈的恐惧感。

当自己的孩子出生后，我所受的“磨难”绝不亚于我的同事。早晨起来上班，常听邻居们说：“昨夜你儿子嗓门真大，吵得我半夜没睡着。”

邻居们都被吵得睡不着觉，我和这像失控的闹钟一样的小东西相拥而眠，有可能睡得着吗？

但是，作为一位要强的男性，我却想竭力避免重蹈同事的覆辙。我常常以父亲的一句话自勉——即使人倒了，旗杆也不能倒。所以，在这生活艰难的阶段，我反而改掉了过去不修边幅的习惯，天天刮胡子、洗衣服、洗澡，时时打起精神，让心底的活力制服一切沮丧的情绪，以自信的笑容面对一切困难。

所以，有人不时惊讶地说：“你有了孩子，却一点不见老，好像更加年轻了！”听了这话，我当然高兴，于是半是得意半是自嘲地回答：“是啊，都是孩子养的！”

做了父亲，人生就像套上了一个永远无法解脱的枷锁。曾经有的自由和青春，必然会在幼子日复一日的剥夺中渐渐丧失。面对现在的困难，我可以像注射了强心剂一样坚持，但他将来还要上幼儿园，还要小学、中学、大学一直读下去，我们又能意气风发、无所畏惧地坚持到何时呢？

所以，即便现在顺利渡过了难关，我依然要低调面对这种“成功”。奥地利诗人里尔克讲道：

从来没有什么胜利可言，
挺住意味着一切。

这句话代表了我此时的人生态度，我相信它是至理名言。

☆母亲的位置

说实在话，今年暑假，我对孩子付出的精力远比他妈妈多。妻子上班早出晚归，薪水不多但忙得很。很多时候，她早晨上班时，孩子正在睡觉，晚上回来时，孩子又进入了梦乡。但这种疏离丝毫没有减少孩子对母亲的依恋，而且我发现，随着时间的推移，这种依恋愈演愈烈。孩子早上醒来，眼睛就在搜寻着妈妈，晚上闹困时，喊爸爸的频率也远远低于妈妈。

前几天，一位多年不见的同学发来一条酸溜溜的手机短信，让我感动了半天。其中写道："不见面不等于不怀念。"但是，如果将这种情感表达用在孩子对母亲的依恋上面，就显得太肤浅了。在母子之间，可以说一分钟不见面，马上就是撕心裂肺的想念。

今天下午，我陪他翻一本幼儿画册。当画面出现一个妈妈的头像时，他竟伏下身子，深情地给这头像来了一连串热吻。

面对这种情况，我心里既觉得嫉妒又感到茫然。为什么父亲千万倍的付出还不能"收买人心"呢？

这也许是男孩天生的恋母情结在作怪吧。

☆双脚离地

观察一个幼儿的成长，真如看春日之笋般一天一个样。有时，你看他那白生生的小腿和胳膊，似乎能听到生命拔节的“叭叭”声。

最近几天，孩子突然对双腿上跳兴趣强烈。最初他只能耸动小屁股，慢慢能双脚不规则跳起，今天上午，他竟有一次双脚同时离地了。

虽然这次成功的跳起只在瞬息之间，但它给孩子自己和我带来的狂喜却大到了无限。20世纪初，美国莱特兄弟发明的第一架飞机也不过是瞬息离地，但这一瞬间却预示了一个全新时代的到来。

孩子，一个幼小的生命，终于靠自己的能力离开了孕育他也困扰着他的大地，这意味着他生存的空间正由平面走向立体。他一次次的跃动，不正是人逐渐摆脱肉身的局限性、走向自由的隐喻吗？

☆喂饭

孩子断奶之后，喂饭就成了育儿生涯中最令人头疼的问题。每天端着小碗，追着孩子满房间乱跑，祈求的语言及期待的眼神，父母的“奴颜婢膝”在这里可谓发挥到了极限。

十天前，我给儿子买了一只极其丑陋的玩具猩猩，想不到这个丑东西竟成了他的宠物——抱着它到处跑，拍着它睡觉，把着它撒尿，带着它上公园……

儿子找到了施爱的对象，我也找到了引诱他吃饭的窍门。

每天吃饭时，我就对儿子说：“你再不吃，我喂猩猩吃了。”

儿子似乎意识到了危机感，马上将头伸出，像小猪一样“叭叭”地吃起来。

这种由竞争而起的食欲，使我想到了童年时期的一次经历。当时，父亲买了一头小猪喂养，但它整天病恹恹的，一点食欲也没有。后来父亲又买了一头小猪，用同一个食盆喂养，结果奇迹出现了，不管再恶劣粗糙的食物，两头小猪总是拼力争抢，并将食物一扫而光。于是，曾经病恹恹的小猪渐渐高兴地摇起了尾巴，并成长壮大，直至被送进屠宰场。

其实，小猪、孩子、成年人均有相似之处，由危机感而生竞争心，由竞争心而激发生命动能。我想，现在大多数家庭只生一个孩子，这种情况无疑增加了给孩子喂饭的难度。想一想，二子争食或多子共餐的场面，会是多么火爆而生意盎然。

☆打屁股

孩子越大越淘气，上房揭瓦的本事尚且没有，但摔盆打碗之类的破坏活动却时有发生。在这种情况下，我也像父亲当初对待我一样，开始尝试打儿子的屁股。

但我悲哀地发现，这种打屁股的惩罚并没有收到预期的效果。手不轻不重地打下去，这小东西却咧着嘴嘻嘻地笑，或干脆高兴得手舞足蹈。

我开始怀疑，对于儿童，打屁股到底是一种惩罚还是一种奖赏。

昨天，在晚报上看到了一篇关于打屁股的文章，使我的疑惑一扫而光。文章中写道：人类学家泰德认为，打屁股所产生的疼痛可以使大脑释放出一种类似鸦片的化学物质，这种化学物质能产生大量的内啡肽。那些经常寻求这种体验的人可以借此得到生理上的愉快，就像吸毒者从毒品中获得快感一样。

噢，原来打孩子的屁股，可以使他的体内分泌出更多的内啡肽。父母迫不得已时的出手，倒是对他顽劣行为的一种奖赏了。

那么，孩子会不会为了得到这种“奖赏”而更加顽劣，甚至故意犯错误呢？这个问题必须引起我们的警醒和深思。

慎打屁股。

☆私欲之源

如果大家细心观察一个一岁左右的幼儿，就会发现：他不论抓住什么东西都不会放手，而且一概往嘴里填。这也许是人对世界占有欲望的最真诚、最赤裸的表现吧。

我的孩子也不能免俗，而且随着年龄的增长，自私的本性表现得越来越明显。十天前，同事带着孩子到家里玩，当时，这小子瞪大眼睛，一脸的不友好。他时刻提防别人侵犯他的领地——一块铺了绿色地毯的玩具摆放地。我看不过，拿了一只可以上发条的青蛙给同事的孩子玩，结果他马上暴跳如雷，大哭小叫，让我很没有面子。

昨天又发生了一件更让人不能容忍的事。妻子带着他到邻居家串门，他竟然要霸占邻居家孩子的玩具狗，不准这玩具狗的真正主人碰一碰。

这两件事使我和妻子很不安，作为在同事和朋友中有良好口碑的知识分子，我们生怕自己的孩子成为一个人见人烦的吝啬鬼，或将一切据为己有的小霸王。

但是，静下心来细想，我又在不安之中释然了。自私确实是人的天性，我们成年人虽然被道德的面纱遮掩得温情脉脉，但骨子里的私欲也许比幼儿更强烈。金钱、权力、职称、荣誉，不都是我们日思夜念的追逐对象吗？

我自己小时候，经常听父亲和老师讲孔融让梨的故事，并为之深深感动，但在和别人发生利益冲突的时候，仍然会不自觉地以个人利益为重。每个人都不是天生的圣人，都令人悲哀地被自私的本性左右行动。

所以，作为凡人，我对孩子在将来是否超凡入圣，也不抱什么热切的期待。但我依然要做的是，最大限度地遏制他私欲的膨胀，让他学会善待他人、帮助他人。因为只有这样，他才能受到社会的尊重和欢迎。

☆把爱当功课

美国心理学家马斯洛在他的第一个孩子出生时，曾写下这样美妙的感觉："当我看到这个神秘的小东西时，我都有些糊涂了。那种神秘的、不能自主的感觉使我惊奇万分……"

说实话，当妻子和孩子被护士分别从产房里推出来时，我并没有马斯洛式的狂喜，有的只是因母子平安而产生的如释重负之感。然后我就开始发愁了：这么一个肉乎乎的小东西，怎么能够把他养大成人呢?

那时，我干什么都是笨手笨脚的。给孩子换尿布，总被妻子斥责下手太重。抱孩子的姿势也被邻床的产妇奚落——这不是抱孩子，而是藏族同胞在献哈达。

那时，我的烦恼和焦虑也是不言而喻的。照顾孩子花费了太多的时间和精力，以至于工作中我时常神情恍惚。半夜里睡眼蒙眬，我却不得不起来冲奶、换尿布，或者抱起号哭的孩子满屋子摇晃。

所以，我确实不相信什么与生俱来的亲子之爱，或者让人欲罢不能的舔犊之情。

爱需要学习，也需要时间。直到这种爱的学习成了一种习惯，亲子之爱这一话题，才会显得丰满而厚重。

孩子，其实是一所对成人进行情感教育的学校，我们在这里学会了爱、忍耐和宽容。而育儿过程，则成了我们每天必做的功课。

☆置身爱之外

记得当初谈恋爱时，我曾经写过这样的话："真正的爱是无法用语言形容的，它扑朔迷离，欲说还休。"只有到了"桓子野每闻清歌，辄唤奈何"的地步，才足以证明两性之爱达到了最高境界。

语言本来是传情的工具，但它却在情感的最高处失去了效能。

爱不能用逻辑的方式去推理，也不能用科学的方式去解析。它在本质上是非理性的。我们无法用数学公式对爱的深度进行计算，也很难用化学公式去描述一滴眼泪中爱的浓度。常言道："爱到深处人孤独。"其实，更到位的说法应该是："爱到深处人糊涂。"

但是，当青春期的浪漫已经过去，情感的迷雾逐渐变得清晰，便再也找不回那种"无法形容"的感觉了。两性之爱、亲子之情，似乎都成了可以用理性去分析的对象。

成熟的男人总爱说，老婆是人家的好，孩子是自己的亲。对于这句话的前半句，我不愿置评，但对于孩子，我却从没有爱到糊涂的地步。比如，当妻子陶醉地说："咱们的孩子比××家的聪明多了！""咱们的孩子多漂亮啊！"……我总想，没有一个母亲不认为自己的孩子最聪明、最漂亮，如果你将这些话当真，那真是大错特错了。

爱需要投入，也需要冷静的旁观。对于孩子，人会因为过于理性而显得冷酷，也会因为爱得"蛮不讲理"而自陷愚蠢。

☆给爱一个理由

一位已逝的伟人说过："世上没有无缘无故的爱，也没有无缘无故的恨。"这说明，爱需要理由，需要原因。

那么，作为一个男人，我们爱孩子的理由是什么呢?

我认为，除了一些非理性因素，如血缘、本能的爱欲之外，一些理性的因素也是存在的。比如，我们每个人的生命都十分有限，随着年龄的增长，我们必将走入坟墓，但我们的儿女却以相似的基因组成和面孔继续存在于这个世界，从而变相满足了我们长生的愿望。

顺着这种思路想下去，我们就会看到，不但死亡的宿命为人制造着此生的大遗憾，而且即便在百年的大限之内，我们的生命也缺乏内在的完整性。比如，作为成年人，我们总是认定童年或幼年时期是人生最美好、最值得珍视的时期，对童年生活的回忆甚至成为文学艺术作品永恒的主题。但平心而论，在我们成年人的群体中，又有几个人真正对这一时期拥有清晰而完整的记忆呢?

我们脑海中的童年，只不过是一些支离破碎的记忆残片，它既缺乏完整性，又缺乏真实性。与此相比，我们关于幼儿时期的记忆更是一片可怕的空白，没有人能够记起自己一至两岁之间，到底怎样痛苦过、快乐过。

从这个角度讲，我们爱孩子，其实是通过孩子复习成人自身的历史。一度残缺的记忆在孩子的成长中得到复原，长期遗忘的幼年景象在孩子身上重新显现。

正是因为这一点，我们看到，当一个成年人和孩子一起玩耍的时候，他可以在地上滚，可以在雪中爬，他的腔调变得稚嫩而柔软，他的举止变得可爱而愚顽。此时，他与其说是在逗孩子开心，还不如说是被孩子逗得开心；他与其说是在用爱为孩子创造一个幸福的世界，还不如说是借机重温旧梦，让自己幼年生活的场景在现实中得以重现。

由此看来，在亲子之爱中，父母并不是单纯作为一个奉献者存在。相反，我认为，他所失甚少，而所得甚多。他通过爱的付出修复了自己的童年记忆，从而使自己的生命变得更加完整。

☆好为人师

孩子对我们的重要性，还在于他有效地满足了成年人好为人师的欲望。孩子从娘胎来到这个世界，对他来讲，一切都是那么新奇而陌生。他的认知欲望是如此强烈，他的认知水平又是如此低下。所以，在这个世界上，没有谁比幼儿更适合做个好学生。

他初涉人世，像刘姥姥进大观园一样显得笨拙而无知，他的存在证明我们有足够的理由自感高人一等。在大学里，每当新生入校，高年级学生总乐意做义务导游，带新生逛校园、串朋友，就像贾府里的贵妇人对刘姥姥一样关怀备至。显然，他们因自己的先知先行而自我感觉良好，他们希望从对方那里得到尊敬、仰慕、惊叹和欢呼。这是一种人人需要的荣耀感和优越感，这种心理上的荣耀和优越使“好为人师”成为可能。

孩子提出的问题总是那样浅薄而低级，任何一种回答都会给他们带来极大的满足。所以，在幼儿面前，我们时时感到自己是一个无所不知、无所不能的巨人。在他们的尊重中，我们满足了自己的虚荣。

当然，孩子在一天天地长大，他提出的问题终将给我们带来极大的困扰。这时，我们一方面会为孩子的不耻下问、好奇心、求知欲倍感自豪，另一方面也会意识到他提出的刁钻问题，正一天天地将我们难倒。

有一天，羽翼渐丰的儿子也许会轻蔑地想：爸爸知道的东西也不过如此。由此，他开始在言辞中渐渐透出几分不恭敬。

这时，我们就会感到，孩子已经不那么讨人喜欢了。

☆电视广告

为了幼儿的身心健康，许多家长不让孩子看电视，对此，我很不以为然。现代城市家庭，家是一个自我封闭的单元，我们陪孩子外出接触世界的时间少之又少，这样，电视就成了孩子了解外部世界的重要窗口。

孩子一岁的时候，我就陪着他看电视。从电视中，他逐渐认识了高山河流、飞禽走兽，认识了飞机、火车、汽车及咚咚响的手枪、大炮等现代武器，当然，也结识了几位经常在电视里出现的党和国家领导人。

在所有电视节目中，孩子最喜欢的是广告，其次是天气预报。那充满动感的镜头、色彩鲜艳的画面，几乎使他达到了忘我的程度。这时，他绝对拒绝别人打扰，如果转换频道、关了电视，或者故意用手遮住他的眼睛，那他一定会气急败坏地大叫。

另外，孩子也十分喜爱几档栏目片头、片尾的音乐，如《新闻联播》《经济半小时》《中国财经报道》等。每当这些节目音乐响起的时候，他总是要跟着节拍摇屁股起舞。

于是，当孩子哭闹的时候，我就说："咱们看广告吧！"

当孩子为洗澡拼命反抗时，当孩子的骚扰使大人寝食难安时，我也会毫不犹豫地打开电视，调到正播放广告的频道。

有时我想，如果电视台给幼儿开一个专播广告的频道多好！

育儿专家总是告诫说，看电视时间过长会影响孩子的视力，这是真的。但每次只要不超过五分钟，画面对视力的影响几乎是没有的。

☆音乐

音乐在我儿子的生活中占有重要位置。晚上睡觉前，为他放一段节奏舒缓的音乐，他会心情平静，安然入睡。听到节奏明快的音乐，他会跟着扭屁股跳舞，或者哼哼唧唧地跟着“唱歌”。

音乐是否培养了孩子的良好习性，是否培养了他对声音的敏感，是否使他更聪慧、更具有一个清澈见底的心灵？我的回答是肯定的。

当然，孩子喜欢音乐是有原因的，我想也许和胎教有关。妻子怀孕四个月时，我们每天定时将好听的音乐播放给母腹中的儿子。对他而言，这是外星人的神秘信息，还是造访者的叩门声？不管是什么，我们确信他在谛听。否则他为什么有时变得极端安静，有时又随着音乐表现出有规律的胎动？

我并不想、也没有能力将儿子培养成音乐家，只是想借此向这个尚未出世的小家伙提前打个招呼。如果他能因此多一份快乐、多一种对世界的感觉，那就够了。

☆望子成人

我小时候的一些“奇言异行”，至今还被家乡的亲戚们津津乐道。他们认为我自幼就不同凡响，后来考上大学，只不过是对他们往昔判断的印证。

今天，我也有了自己的孩子，但我却不愿根据他无忌的童言去判定他多么聪明，多么具有“成龙”的可能。

很多父母都对儿女抱有过高的期望。农村老太太总说自己的孙子有官相，城市老太太总说自己的儿孙有做总统的潜能。但随着年龄的增长，他们可能仍然是在田野里刨食的农民、在城里做工的贩夫走卒，甚至可能成为人见人烦的市井无赖、人人喊打的街头惯偷。

每位父母都望子成龙，但结果99.9%以上的孩子最终都依然只是平凡的人。

有人说，平民之家要想培养出一个伟人，至少需要三代之功。第一代脱贫，第二代小康，第三代的前途才会不可限量。

但这所谓的成功的途径也过于理想化，谁知道人生的种种歧路和不期而遇的变故，会将儿孙引向何方呢?

所以，我并不对孩子的未来抱有什么希望，或者说是要竭力克制一些非理性愿望的膨胀。现在，我只想让他尽量过得快乐，让他成为一个从生理到心理都健康的人。我相信，能让孩子成为一个名副其实的“人”，已具有相当的难度了。

☆什么是父亲

前几天闲着没事，我翻出一本《三字经》读着玩。上面写着："养不教，父之过。教不严，师之惰……"

慢慢琢磨，我感到有些委屈：为什么不教育孩子就是父亲的过错呢？他妈妈也应该分担一些责任吧！

再仔细想想，我就觉得古人所言是有道理的。从两性分工的角度讲，母亲十月怀胎，将一个健康婴儿带到这个世界，她已经居功至伟。后来的教育任务应该由父亲承担，否则，一个可爱的小家伙喊他爸爸，他自己却对孩子的成长毫无贡献，这是应该感到内疚的。

显然，对于一个家庭来讲，教育孩子明显比生养孩子更困难，对人的耐心和毅力都会构成考验。十月怀胎，一朝分娩。母亲完成了对孩子生理层面的孕育，使他开始以人的方式存在于这个世界。然后，心理或精神层面的教育开始了，而这个过程至少需要十八年。

是的，从此以后，我有责任教孩子如何为人处世、待人接物，我要每天接送他去幼儿园，要督导他做作业，要让他尽量考上好的学校，要帮他找一份好的工作，要审定他交的女朋友是否合格……

慢慢地，他的身体壮了，知识多了，翅膀硬了。相反，我的脊柱弯了，头发白了，不中用了。

☆有所思

最近，我到外地出差四天。出发的那天早上，孩子还在呼呼大睡。我在他脸上亲了一口，向妻子做了一些安排，就上路了。

这中间我并没有觉得想孩子，这是男人的共性。

昨天回来，一进门，顾不上和儿子亲热，我就忙着去洗一脸的尘土。这时我发现，孩子像一个小尾巴，我走到哪里，他跟到哪里。然后，他抬起头，咬着手指，可怜巴巴地望着我。

他期待着我的爱抚。

我拉起他的手，他表现出兴奋而惊讶、陌生而想亲近的神情，嗓子里发出含义复杂的“咯咯”的笑声。

妻子告诉我，这几天孩子想我想得要发疯，从早到晚都在念叨爸爸。晚上在家里，他寸步不离地跟着妈妈，内心似乎充满了被抛弃的孤独和恐惧感。

其间，他在晚报上发现一张图片，图片上一个男人的着装和身材都与我很相像。于是，这张报纸成了他的“宠物”，他天天都要翻出来看，并指着“爸爸”让家里人看。有一次，他一边念叨，一边亲吻，最后撇着小嘴哭了。

以上是我对孩子近期表现的记述。平常，我总认为，一个一岁半的幼儿和一只小猫、小狗没什么区别，对他们的情感需求没有必要太在意。通过这次让人感动的事，我应该改变看法了。

☆人之初，性本恶

最近，孩子学了一个掐人的坏习惯。他喜欢一边将稚嫩而尖利的指甲掐进大人的肉里，一边满眼兴奋地看大人的反应。

“好痛啊！”妻子和我多次被他掐得哇哇大叫，这种痛苦的反应反而更激起了他掐人的热情。

显然，这小东西在施虐中获得了快感，大人的反应使他证明了自己的力量，并证明这个小东西是不可忽视的。

但是，作为父母，我们不能容忍孩子肆无忌惮地张扬其心灵之恶，况且肉体的创痛本身也逼迫我们做出有效的反应。

为此，我咆哮着训斥他，举起巴掌打他的屁股，他却毫不收敛。他要么置之不理，要么将打屁股当成了一种好玩的惩罚游戏。

最后，我终于想到了一个以恶抗恶的方法：他掐我时，我就同样地掐他，直掐得他龇牙咧嘴，抽身欲逃。

如此实践了几次，他终于收敛了。

☆在模仿中成长

亚里士多德在他的《诗学》里曾谈道："人从孩提的时候就有模仿的本能（人和禽兽的分别之一，就在于人最善于模仿，他们最初的知识就是从模仿得来的）。"

儿子最近的表现证明了这一点：他模仿老爷爷走路，模仿小狗打架，模仿飞机飞翔，模仿骑大马，模仿领导人接见外宾……总之，他试图模仿他所见到的一切东西。

显然，通过模仿，孩子极大地扩展了他的知识范围，提高了他的实践能力。他从模仿中得到了许多乐趣，父母也从他稚拙的表演中感受到童真的可爱。

同时，模仿是孩子认识世界的重要方式。他要完成模仿，就必须细致地观察模仿对象的外貌特征和行为方式，并通过思考转化为自己的行动。也就是说，模仿有效地提高了孩子的观察力，也有效地锻炼了他的思维能力。

所以，有意识地引导孩子模仿，成为我们教育孩子的重要内容。我经常问他：鸟怎么飞啊，大公鸡怎么叫啊，大火车怎么跑啊，小羊羔怎么吃奶啊。

但是，孩子在模仿中也很容易学到坏习惯。比如，父母咳嗽，他也跟着咳，父母打嗝，他也打嗝，结果很容易弄假成真，无意中养成他咳嗽、打嗝的毛病。有一次，我与妻子吵嘴，无意中从嘴里溜出"你有毛病啊"这句话，从那天起，"毛病"成了他经常念叨的词儿。

由此可见，孩子模仿是不分好坏善恶的，这逼迫父母放弃或在孩子面前掩饰自己的坏习惯。昨天，几个同事到家里商谈事情，我拿出香烟招待大家。孩子可能对那袅袅上升的烟雾产生了强烈的好奇心，同事走后，他竟拿着烟盒，频繁地让我：“抽、抽。”

这种情景，着实让人恐惧。如果孩子将来不幸成为烟民，我是难辞其咎的。

所以，今后，我应该做一下自我检讨：舍弃坏习惯，给孩子树立一个良好的榜样。

☆认识你自己

有一则寓言和一则神话故事：

寓言是说，一只狗从屠夫的肉铺里偷了一块骨头。它过河时，看到水里也有一只狗叼着一块骨头，于是就大声咆哮着去抢。结果，嘴里的骨头掉进了水里，水里的骨头也不见了踪影。

神话故事是讲，古希腊有一位名叫那喀索斯的美少年，他在河边洗手，爱上了自己水中的倒影。结果他在自恋中忧郁而死，死后化成了美丽的水仙花。

这两个故事说明，动物似乎没有认识自身的能力，而人对自身的关注则构成了他生活的重要内容。在古希腊德尔菲神庙的廊柱上，刻着这样一行字："认识你自己。"这正是从古至今的思想家试图完成的哲学任务。

人对自身的认识有一个发展过程。记得儿子半岁时，我抱着他站在镜子前，他对镜中的影像充满好奇，但并没有认识到那就是他自己。他一岁时，我又抱他照镜子，并在他鼻子上粘了一个红纸片，这时，他看着镜中的影像，就开始摸自己的鼻子，并将小纸片从鼻子上揭了下来。

也就是说，他由镜中的鼻子想到了自己的鼻子，由镜中的影像开始反观自己。

但在这种年龄，孩子对自身的认识是有局限性的。比如，他认识现在的自己，却无法认识昨天的自己。也就是说，他还不知道自己的生命是一个不断成长的连续体，不能对自己昨天的形象形成连续的记忆。

今天，我拿出孩子的相册让他看，对于最近拍的照片他都知道是他自己。但是，当我指着他的百天照问“这是谁”的时候，他回答说：“是弟弟。”那时，他的妈妈刚生完他，身材硕胖臃肿，还没有复原。所以儿子看到妈妈的照片，也是毫不犹豫地喊“阿姨”。

由此看来，让孩子认识到人有一个从生到死的过程，并在这个过程中不断变换着自己的形象，是需要一定时间的。

过去，我曾在一本著作中讲过，人类最初对世界的认识是空间性的，然后才会理解时间性的演进过程。人类的发展史是这样，个体认识的历史也与此类同。

☆两个和尚吃水难

晚上八点，孩子自己爬上了沙发。他高兴地弹跳，并不知道危险马上就要到来。

我和妻子都意识到孩子可能会从沙发上摔下，但都不想挪动身体让他脱离险境。我们你看看我，我看看你，似乎都在说：既然是两人共有的孩子，你不动，我为什么要动?

“咚”的一声，儿子终于从沙发上摔了下来，我和妻子争先恐后地冲上去……

这个过程不过是瞬间的事情，但它却映射出夫妻面对孩子时微妙的心理反应。平常，大家为各自的工作奔忙，每天下班后都累得要死，互相推诿，希望对方多承担一点家务是十分正常的事情。

记得去年冬天的一个夜晚，孩子被尿憋醒，先是哼哼唧唧，继而大哭。我和妻子都希望对方能高风亮节一些，主动起来给孩子把尿，所以都闭着眼睛装没听见，结果孩子尿在了床上。

我们都是凡人，即使对待自己的孩子，自私也是常有的事情。但是，自私的结果往往意味着更大的付出。古人云：一个和尚挑水吃，两个和尚抬水吃，三个和尚没水吃。其实，两个和尚也会产生缺水的困难啊!

去年冬天，我们相互推诿的结果，就是不得不挤出更多的时间，清洗被孩子尿湿的床单。今天夜里，我们也不得不满怀惊惧，在相互指责中入眠。半夜，我们数次被孩子的啼哭惊醒。唉，说不定明天还要去医院拍X光片。

早知今日，何必当初呢? 但愿这次事件能使我们变得聪明些。

☆天生胆小？

睡前跟孩子聊天时，我抬眼看见墙上的壁灯。我说："你看，现在灯亮着，等你睡着灯就要灭了。"他听后，先是极难看地撇起嘴，继而嘤嘤地哭了。

我从此知道，孩子害怕黑夜，他开始对周围的世界有了恐惧感。

最近一段时间，他睡觉时总要紧紧贴在我们的怀里，稍有响动，就向我们的臂窝里钻。出门看见摩托车、汽车开过去，他也不再像过去那样兴奋异常地欢呼，而是贴向大人的腿，满眼不安地说："抱，抱抱！"

面对这种情况，我并不认为儿子是天生的胆小鬼，我知道幼儿到了一定年龄，就会对生存的安全感抱有强烈的渴望。他为一切不理解的自然现象感到惊惧，惊异于天上的雷声，甚至脚下的一只小蚂蚁也会使他满怀惶恐。同时，在现实生活中，他跌过跤、受过伤，这种人生经验让他知道这个世界对他并不友好。于是，他开始约束自己的行为，甚至变得缩手缩脚了。

在这种情况下，对幼儿的心灵进行抚慰就变得非常重要。这时，像大老虎吃小孩、狼外婆半夜敲门之类的故事是不能再讲了。同时，应该帮助他理解那些未知的东西，因为孩子的恐惧大都由对事物的无知引起。

☆孤独与恐惧

一个对世界充满恐惧的孩子，他必然也害怕孤独。如果长期生活在一个缺少成人陪护的环境里，孤独将会加剧他的恐惧，他甚至会因此产生心理疾病。

平常我和妻子上班，总是将孩子放在岳父母家里，他习惯于被舅舅、姨姨包围着。但昨天，岳母家里的人陆续向他告别外出，最后就剩下了他和岳母两个人。

也许当时，屋里显得有些冷清，有些寂静……

于是，问题发生了。他先是寸步不离地跟着岳母，继而抱着岳母的腿不让她动，最后干脆抱着岳母的脖子不松手了。他们相互“折磨”了一上午，直到外出的人陆续返家。

很明显，他害怕被他人抛弃，害怕他唯一的守护者也在此刻离他而去。他所有的行为似乎都在祈求：别离开，陪陪我吧！

☆幸福家庭

孩子出生之后，漫长的养育过程，往往使人追忆起恋爱、新婚时浪漫而轻松的时光：看看电影、跳跳舞、写写文章、逛逛大街，两个人的世界真好。

孩子降临后，我渐渐意识到这个家庭是需要帮手的，否则不但耽误工作，而且夫妻之间很容易产生矛盾。但是，找保姆需付费、安排住房，将幼小的孩子全托又于心不忍。总之，无尽的烦恼开始来了。

值得庆幸的是，我的岳父母已经退休，他们的家就在我家前面的楼里。所以，每天早上，我和妻子就将孩子心安理得地扔给岳父母，然后溜之大吉。下班回家，孩子看起来过得挺好，他活蹦乱跳，红扑扑的脸蛋上写满了幸福和快乐。

说句大不敬的话，结婚之初，我尚没有意识到岳父岳母的重要性，有时甚至为自己家庭缺乏独立而心生懊恼和不快。比如，妻子下班回家，第一站必然是回娘家，直到电话催了数遍，才会悻悻然回到属于自己的小家。但现在，我内心的懊恼和不快不见了，几多庆幸、几多感恩时时流溢于胸中。

尤其重要的是，长辈对孩子的爱是有瘾的。岳父母一定也会为这额外的负担而感到劳累、烦恼，但另一方面，如果有一天见不到他们可爱又可气的小外孙，他们又想得发慌。于是，替女儿女婿带孩子，竟成了他们内心不可缺少的需要。

“咱们太幸运了。”我时常向妻子说。

☆计划与变化

不管从哪个方面说，我的孩子都生逢其时。

结婚六年后，我们才要孩子。说句实话，我们并不想当晚育模范，只不过想将育儿的困难减少到最低限度。

当孩子出生时，我和妻子已有一些存款。我们不必担心拿不出医院的生产费用，也不必为孩子的奶粉钱而节衣缩食、精打细算。更重要的是，我们从单位分到了两居室的房子，不像许多年轻父母那样，做饭、洗尿布、睡觉都挤在同一间屋子里。

小鸟孵卵前，还要四处捡拾草木，给孩子搭一个可以遮风挡雨的窝，作为父母，这也是我们必须承担的责任。

如果想让自己的生活免遭生儿育女的过分打击，我觉得生孩子是应该有所筹划的。但是，对青年夫妇来讲，可能并不缺少计划，缺少的是执行计划的坚定性。有时候一不留神，不该种下的种子已经生根发芽了。

不管怎样，生了也就生了，我们总不能让呱呱坠地的孩子再返回到母亲的肚子里吧！

所以，对待生育，我们既要做出最理想的筹划，又要做好心理准备，去应对随时都可能出现的偶然情况。

☆乡音问题

似乎一切都那么让人放心而心安理得，每天早晨，我们急匆匆将儿子放在岳父母那里，说声“拜拜”，就抽身离去。

此后的一天时间，这里就是孩子的家。

现在，他是这个大家庭里唯一需要照顾的孩子。妻子姐姐家的孩子已是小学四年级的学生，不但不争宠，而且以逗弟弟玩为乐。妻子的弟妹们都刚结婚，为了自己的事业，对生孩子还无暇顾及。

我的儿子就在这个空当中抢占了一个恰当的位置。现在，岳父母身体健康，正需要一个小人儿缓解退休后的寂寞。等到妻子弟妹们的孩子生下来，我的儿子至少已上幼儿园了。

我的孩子成了一个大家庭关注的中心。最近，为了方便照顾他，我和妻子也干脆交了一些伙食费，在岳父母家蹭饭吃。衣来伸手，饭来张口，真比没孩子时过得还轻松。

岳父母虽然在都市里生活了几十年，但至今乡音未改，一口家乡话比乡下农民还标准。

孩子在这样的语境里，也不可避免地全面继承了他们的口音。

质朴的乡音从儿子口中发出，倒为生活增添了许多奇趣。比如，他称水为“fei”，称笔为“bei”，有时候还会从口中突然蹦出岳父母老家独有的方言词汇，真让人丈二和尚摸不着头脑了。

对于儿子的乡音，我是有几分焦虑的。生活在当代社会，我希望他能尽早摆脱传统的羁绊，和现代话语方式接轨。我也希望孩子将来不被作为某地的“土特产”来看待，而真正从他生命的起点开始，就成为一个名副其实的世界公民。

但是，作为一个研究人文科学的知识分子，我又不得不承认文化传统对人一生的重要价值，这传统当然包括语言、习俗、生活方式等具有地域特点的东西。我有义务让孩子对他生命的起源之处有所认识，他成年之后，这里仍将是他现实的故乡和精神的家园。

我不能让他彻底抹掉故乡的一切痕迹，而我的岳父母也正以他们无意的言传身教强化着这种印记。我也曾安慰自己，一千多年前，大宋王朝定都开封，我的岳父母没准说的是那时最标准的官话呢。

况且，中国近现代史上的许多著名人物都不会讲普通话，这并没有妨碍他们成为伟人。而且，他们独特的方言、口音还增强了他们的人格魅力。

如果孩子在智力和人格上能向这些先辈看齐，口音确实是人生中次要的东西。当然，在当代社会，许多人都在为自己会讲一口纯正、流利的普通话自豪，而对口音怪异的人总有几分心理上的鄙夷。将来，如果孩子长大时也不能免俗，那就让他自己去学普通话吧！说实在话，练一口标准的普通话比考大学容易多了。

☆公众形象

我相信，每一位有孩子的父母，在夸奖别人的孩子时，都带有礼貌性的成分。

“啊，这孩子真乖，真漂亮，真聪明，真听话！”他好像真诚地说。其实，他内心还隐藏着另外半句话没有说出来，那就是：“可是，比我的孩子差远了。”

明知道这种真诚是有水分的，但每一个父母仍然期待别人夸奖自己的孩子。

所以，每当带着孩子出去玩时，我总希望他有良好的表现，树立良好的公众形象。为了这一点，外出之前，我和妻子总要将孩子打扮得干净一点，多学一些礼貌用语，甚至练一些“绝招”来引起别人的注意。

在公园里，我总希望孩子自己行走，别给大人找太多的麻烦。我讨厌他看到别的孩子吃东西时所流露的渴望神情，也讨厌他独霸一条公园的长凳时所表现出的贪婪心态。

确实，当我悠闲地走在公园里，后面的儿子紧跟着“橐橐”而行，这是一种相当美妙的景观。它使人想起一只大狗领着一只小狗在青草地上漫步，想起一只母鸡领着一群小鸡在田野里自由觅食，想起一个贵妇牵着自己的宠物在草石相间的小径上独行……

现代都市，人们没有多少时间摆脱生活的烦累去闹中取静，所以人们渴望古典式的优雅情景。我和儿子共同构筑的图画不但给自己带来好心情，而且也引起人们相当多的注目。

那些在公园里倾诉情语的热恋男女是这一情景的最热情关注者。当孩子从他们身边经过，他们总是停下相互的亲昵和爱抚，或对儿子行注目礼，或好奇地逗逗孩子。此后，他们也许会说，将来咱们也生个这样的孩子多好啊！

☆从肉到灵

自从有了孩子，我更深刻地理解了人的生命：它是一个从肉到灵的简单过程。

孩子呱呱坠地，号哭着来到这个世界。这最初的“委屈”和“愤怒”都是生物学意义上的，因为他还没有开启自己的感官，没有情感，更没有思想。

此时，他的哭泣无缘无故，他为哭泣而哭泣；他的微笑也没有原因，他为微笑而微笑。他的一切都来自生命本能的运动，简单得像一只喇叭等待空穴来风。

所以，在儿子一岁之前，我一直想，这小东西不过是一团粉白的肉，只要输入能量，他就会跃动。

渐渐地，他感觉到了自己周围的一切，学会了对父母的依恋，知道了对陌生事物做出惊喜或忧惧的情感判断。他贪婪地吮吸食物，为基本的生理满足而欢呼；他肆无忌惮地大声号哭，为任何一点生理的不适而表达愤怒。这时，他很难被称为“人”，而更像一个在父母身边摇头摆尾的宠物。

再后来，他长大了，经验的累积带来心智的发育直到成熟。他在生存需要的驱使下学会了占有，在生命缺失的创痛中学会了自省，于是，在肉体成长的同时，精神领域开始成长。直到有一天，他华发满头，感到了肉体的不可靠和难以信任，于是，对精神价值的捍卫成了他弥补肉体缺失的重要路径。

中国人总爱给自己虎头虎脑的儿子起一个动物性的幼名，比如龙虎狗、鹰隼鹏之类。这正是看到了人和动物在生命的初始，都是作为简单的肉体存在。中国人也总爱称死后的人会化作灵魂，这也无非是讲从肉体向灵魂的发展是生命必然经历的过程。

由此可见，人性的复杂并不能遮蔽其生命过程的简单。我们没有必要因爱而失去理性，去不切实际地神化自己的子孙，认为他自幼年时期就多么超凡出众。

是的，一个伟人的幼年时期和一个凡人没什么两样。他同样吃过奶，也同样尿过床。

☆ "汪汪"

上街买东西，我看到一个漂亮的少妇抱着一个漂亮的孩子。这孩子有一岁半左右，他突然指着路边的超市，嘴里高喊："汪汪，汪汪……"

怎么搞的，这小家伙怎么学狗叫？

噢，还是他的妈妈了解孩子，原来他要吃旺旺仙贝。

回到家里，我看到孩子正在欣赏电视广告，那份专注和陶醉无法用语言形容。伴随着音乐，画面上几个可爱的孩子正和一个卡通娃娃一起手舞足蹈，嘴里"咔嚓咔嚓"，然后齐声高呼"旺旺"，将广告中渲染的狂欢气氛推向高潮。

广告对孩子的影响，既让人无奈，又让人有解脱之感。我们为他一看广告就不吃饭、不睡觉而无奈，但另一方面，广告使他平静，使他免于哭闹，使他不再任性地骚扰父母。为此，真应该感谢广告。

但是，商家在电视上花钱做广告，并不是为了让我们的生活有序或乱套，也不是要为孩子提供免费的娱乐。他们的目的很明确，就是要推销商品，多多赚钱。

不管父母让孩子看广告的动机与商家多么不同，有一点是可以肯定的，即孩子作为广告节目的热烈拥护者，随着年龄的增长，他必然由热爱广告的画面形象转而关注它所要表现的内容。前文所言的"漂亮孩子"在大街上高呼"旺旺"，并逼迫自己的母亲掏钱，就是由形式走向内容的明证。

这些孩子成年之后，他们关于童年的记忆，是否会有广告画面在脑海里闪回呢？不管有没有这种可能性，许多有眼光、有野心的商人，确实在暗地里为自己的产品培养未来的买主呢！

最近一则报道称：日资企业在中国传媒上做广告，大多以可爱的儿童作为画面的主体形象，镜头转换、色彩处理，都非常符合儿童的欣赏趣味。专家分析，日本人的目的很明确，就是要和中资企业争夺21世纪的中国市场，使日货在中国儿童的幼小心灵中生根。

精明的日本人！

☆秋天的阿元

我儿子的幼名叫阿元，我家还有一只小狗叫阿扁。

这是我在此书中透露的一个秘密。

到了秋天，阿元一岁八个月大了。他的秋天过得如何？

宋代词人李清照是一个细致的生活体验者，对于夏秋转换给人的身心带来的不适，她颇为贵族化地说：“乍暖还寒时候，最难将息。”

我不是贵族，除了简单的一日三餐，从来没考虑过什么自我调养。日子一天天排着队走进我的生命，我消化着它，也半是麻木半是敏感地感觉着它。

但对于孩子，这种季节的变化可就不一样了。他是否额头发烫，是否要打喷嚏，是否晚上蹬了被子，成了我们必须小心面对的问题。

庆幸的是，孩子本人对秋天的来到是持充分肯定态度的。他摆脱了夏日酷暑的折磨，变得活泼可爱，食量大增。尤其值得一提的是，他一个夏天挥散不去的忧郁而可怜巴巴的眼神不见了，变得自信而外向。

作为一个幼儿，他不知道悲秋，不懂得万木凋零的景象应该让人哀伤，更不会为时光的流逝而兴起年命如流的感叹。他对时间、季节变化的反应纯粹是生理性的。比如，夏日滚滚的热浪包围着他，让他流汗、出痱子，他就用哭闹来抗议；秋日，凉爽的微风从他的身边掠过，让他身心舒畅，他就用活泼的身姿、甜甜的微笑来回应。至于会不会因季节变化而生出什么疾病，这不在他考虑的问题之列。

总之，秋天的孩子是快乐的，秋天的父母是提心吊胆的。

☆对睡觉的逃避

自从孩子有了一定的思想意识，他对生活就有了深深的迷恋。

他热爱生活的最重要的表现就是热爱白天，因为只有白天才能使他感到自己生活于世界之中。

清亮的眸子里闪耀着对外部世界惊奇的神情，他要将周围的一切都装进他的瞳孔，这是一种多么神奇的生命状态！但是，任何事情都有正负两面，他热爱生活是好的，但也必然会给父母带来巨大的困扰，这就是拒绝睡觉。

是的，孩子在渐渐长大，哄他睡觉成了一件苦差。而且，这件苦差注定会延续下去。有一次，我在一位同事家的客厅里聊天聊到深夜，突然，从卧室的门缝里探出一张淘气的脸。那是他八岁的儿子。从晚上九点到十点，他的爸爸已下了五次让他睡觉的命令，但那扇卧室的门内，总是在短时间的安静之后，又有了动静。

孩子也许会说："这世界是如此值得留恋，为什么我不能再抓紧时间，多听几声、多看几眼呢？"

是的，闭上眼睛睡觉，我们也就与周围世界失去了关联。这和死亡有什么区别？俗话说："睡觉如小死。"这句话是有道理的。

由此看来，成年人对死亡的逃避，与孩子对睡觉的逃避具有同样的意义。除了对生命的热爱，我们无法为这种现象找到更好的解释。

☆驯悍记

孩子因为热爱生命而拒绝睡觉，父母必然要因此遭受极大的困扰。

最近，我的孩子总是到了夜间十点以后情绪亢奋。你与他好言商量：“睡觉吧，爸爸妈妈明天还要上班呢！”他不懂。你让他平躺在怀里，摇晃、轻拍、哼儿歌，他一次次挺起身子反抗，根本不理这一套。你发火，打他的屁股，拧他的耳朵，他嘿嘿地笑，觉得好玩极了。尤其要命的是，他半夜总睡不踏实，或者哼哼唧唧，好像身体的某个部位不舒服，或者干脆闭着眼睛，放声大哭。

如此折腾了三四天，直熬得我和妻子两眼发青，精神萎靡，情绪沮丧到了极点。

昨天是星期六，我想出一系列招数对付他。下午，我带他到公园里逛了几个小时，消耗他的体能。回家吃过晚饭，我又为他洗了个干干净净的大澡，然后就开始想办法让他早一点儿入睡。

但这个顽劣的小东西，似乎有使不完的精力，而且越玩越亢奋，似乎和睡觉结了大仇似的。

这时，我突然想到，儿子最喜欢听故事，也许讲故事会有效果。当然，不能讲推土机和大火车战斗的故事，也不能涉及大老虎与大狮子肉搏的火爆场景，这只会使他更兴奋。相反，我要挑一些软绵绵、轻柔柔的故事讲给他听，这样的故事应该有催眠作用。

果然，他轻易地中了我的圈套。我给他讲一条鱼在水里游啊，游啊，游啊，游啊……游着游着，他变得平静下来。我又给他讲一朵白云在天上飘啊，飘啊，飘啊……当“这朵白云”在我嘴里“飘”了十分钟时，他终于难敌袭来的困意，呼呼大睡了。

☆ “忘恩负义郎”

最近，妻子工作忙得很，每天都要加班。晚上回家，儿子已经入睡，早晨出发时，这小东西还在睡梦之中，所以妈妈在他脑子里变得越来越淡漠了。

今天，妻子正常下班，按照一般情况，这小东西应该一下子扑上去，并来几个热吻，但现在他看妈妈的眼神却是那么漠然。当妻子要抱起他时，他竟哭闹着从妻子的怀里挣脱出来，扑向我的怀抱。一瞬间，我的满足感是不言而喻的，但妻子的眼里却涌出了泪花。

这个小东西，真是个“忘恩负义郎”。

由此我想到，在父母和孩子之间，血缘上的亲近是靠不住的。小说中讲的一些故事，如母子之间分别数年依然一见面就相互认出，并马上变得亲密无间，只不过是作者浪漫的想法罢了。事实上，对于孩子来讲，谁跟他玩，他就跟谁好。这就像一句俗语说的：“有奶便是娘。”

最近看一则电视新闻，报道的是被拐卖儿童终于回归母亲怀抱的场景。镜头上的妈妈抱着孩子狂吻并号啕大哭，那孩子却一边大哭一边挣扎。他的大哭不是因为想念母亲，而是被眼前这个“陌生女人”所惊吓；他的挣扎也不是为了扑向母亲的怀抱，而是从这个“陌生女人”的怀抱里向外逃。

这个镜头让人感动，也让人悲哀。感动的是母子终于相聚，悲哀的是我们的孩子是如此健忘。

当然，孩子对亲情的健忘，在于幼年的他还没有多强的记忆能力，在于他本质上还只是一只小动物。相反，对于一个人性趋于成熟的成年人就不同了，即使母亲在他脑子里只是一个幻影，他也会为之东寻西觅，思念终生。

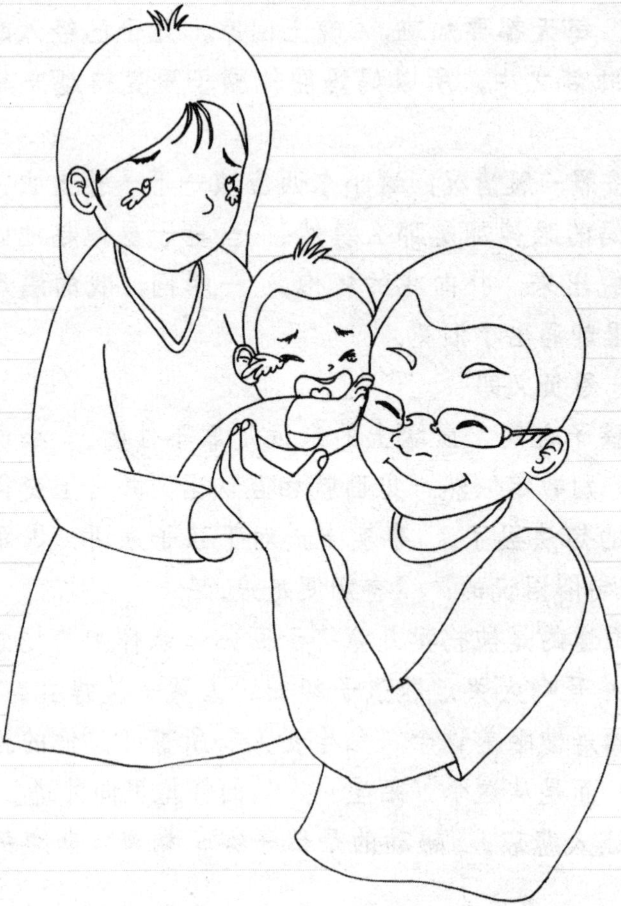

☆文学教育

秋季以来，由于为工作上的事忙碌，我为孩子写的札记空白了一个半月。现在，我总算又能挤出时间，并拥有一份轻松的好心情了。于是，我又想起应该为孩子做些事情。

文思已断，我还能找回过去的良好感觉吗?

为了将这个工作重新捡起来，最好的办法就是回顾一下过去。古人讲“温故而知新”，这是有道理的，因为重温过去可以保持思维的连续性。古人又讲“举一能反三”，这也有道理，因为往昔生活的某一片断往往可以激活整体性的诗性记忆。

我是学中文出身的，就孩子的教育而言，我最容易温的“故”当然和我的知识背景有关。孩子一岁之后，我也像许多父母那样教孩子背诵中国古典诗歌，下面是他一岁九个月时交出的一份差强人意的成绩单：

1. 关关雎鸠，在河之洲。窈窕淑女，君子好逑。
2. 春眠不觉晓，处处闻啼鸟。夜来风雨声，花落知多少。
3. 锄禾日当午，汗滴禾下土。谁知盘中餐，粒粒皆辛苦。
4. 床前明月光，疑是地上霜。举头望明月，低头思故乡。
5. 千山鸟飞绝，万径人踪灭。孤舟蓑笠翁，独钓寒江雪。
6. 红豆生南国，春来发几枝。愿君多采撷，此物最相思。
7. 离离原上草，一岁一枯荣。野火烧不尽，春风吹又生。
8. 生当作人杰，死亦为鬼雄。至今思项羽，不肯过江东。

列举以上一大堆古诗，并不是要炫耀自己的育儿业绩。许多育儿书上早就指出，背诵古诗的多少绝不意味着幼儿的智商高低，相反，如果强逼他这样做，只会使孩子失去幼年应有的生活乐趣。但是如前所言，人天生就好为人师。尤其在这个崇拜知识的时代，我也总想让孩子能赶在别人之前接受一些知识的熏陶。

有时，父辈知识素养的残缺，注定是要代代相传的。我不会音乐，也不会绘画，没有过多的金钱给儿子买昂贵的玩具，也没有时间陪孩子尽兴野游。看来，除了文学上的启蒙教育，我不可能给孩子更多更好的东西。

并且，我认为，有能力教孩子背诵几首古诗，毕竟比放任自流要好。看到许多父母像喂小猪一样只顾及幼儿的吃喝，或者一味用低俗的玩笑和幼儿一起打发无聊的时光，与他们相比，我毕竟为孩子做了些有意义的事情。

另外，我发现，除了文学熏陶之外，教孩子背诵古诗还有其他的益处。比如背诵时，他“吧唧吧唧”的小嘴虽然咬字不清，更不可能弄懂诗的含义，但诗确实有助于培养他的语言能力，并使他在诗的韵律中获得快感。现在，儿子确实对文学充满了“兴趣”。比如，每当某首诗发音拗口而稀奇，他就会掩口胡卢而笑；每当顺利地背诵出一首小诗，他就会充满成就感，并用欢呼雀跃来自我庆贺。

由此我想到，中国旧式教育的一些方式，比如不管三七二十一，就让黄口小儿大背《三字经》《百家姓》《唐诗三百首》，还是很有道理的。他虽然对内容无法理解，但文字本身却满足了幼儿言说的欲望，并为他的日常生活开辟出一片神奇的领地。

因为知道孩子背诵古诗说明不了什么，所以我从来不用强迫的方法，更不会通过炫耀他的背诵能力，在别人面前满足自己的虚荣心。到了一定年龄，他开始热衷于模仿成人的言行。我想，与其让他模仿成人的污言秽语，当然不如模仿诗的语言更好。

同时，背诵古诗，对孩子而言也不是一种精神的负担和磨难，而是一种愉快的人生经验。 比如，拿出几片小甜饼放在他的面前，背一首小诗，就赏一片小饼，这种带有激励意味的游戏，不但为孩子所喜欢，甚至成人也会乐此不疲呢！

☆恐惧教育

随着年龄的增长，孩子明显变得更加好动和调皮。他要在寒风呼啸的冬天到户外去，要频繁地按动电视遥控器，要触摸电源插座，要拔暖瓶塞，要将手伸到汤盆里去……总之，他要无法无天地干一切他想干的事。

作为父母，无疑对周围危机四伏的环境充满恐惧。我们的神经时时绷紧，生怕他突然在某时某处惨叫一声，因调皮而受伤。

“三天不打，上房揭瓦。”这是老一代传下来的规训方法，但棍棒教育在今天被彻底否定了。且不说这会对孩子的自尊造成伤害，而且我相信，棍棒教育很容易在父子之间制造仇恨。如果父子成了一见面就横眉立目的仇人，那就太可悲了。

所以，面对这种情况，我最常使用的方法不是棍棒，也不是呵斥，而是恐惧教育。比如，大冬天他要往户外跑，我就神情夸张地告诉他门外有大老虎；他要拔暖瓶塞，我就说开水壶里有虫虫……直到吓得他两眼发木、噤若寒蝉为止。

但是，如此试了几次之后，我发现副作用明显出现了。他变得胆子越来越小：夜里的噩梦使他哇哇大叫，白天他“乖”多了——可怜巴巴的眼神充满着恐惧，缩手缩脚的样子表现出怯懦。总之，他开始生活在一个充满敌意的世界，对周围的一切失去了探索的热情。

这时，我们又会说孩子是胆小鬼，殊不知，这“胆小鬼”正是我们一手造成的。意识到这一点之后，我开始有意识地调整自己的策略。比如，孩子要摸汤盆和茶壶，我就鼓励他真正触摸一次，当他被烫得龇牙咧嘴的时候，他自己就明白了应该怎么做。当然，摸电源插座更是孩子不应该做的事情。我的办法是煞有介事地给他讲道理。当然，一个不足两岁的孩子是不懂什么道理的，但他听懂听不懂并不重要，因为他从你认真的神情中就能认识到问题的严重性，从你的手势和眼神中已领悟了你传达给他的信息。

这种办法果然有效。现在，当儿子情不自禁地做危险的事情时，一听到我反对的声音，他马上就会住手，并瞪圆眼睛嘟哝道："不能活呢（啦），妈妈没有儿子呢（啦）！"

孩子，你是否已知道了死亡的可怕，并试图分担父母的恐惧？

☆"胆小鬼"

最近，孩子变得越来越胆小。在生活小区里玩耍，他怕汽车、摩托车。晚上睡觉，他害怕黑暗，熄灯成了一个最具威胁性的事件。

也许，人在成长的过程中，必然要经过这段心路历程。记得我小时候听妈妈讲故事，她说天上两颗临近的小星星是神仙用来垫脚的两块砖。从那时起，我就害怕那两块砖从天上掉下来，砸破我的头。

我为什么会有这种荒谬的恐惧？分析起来，这大概源于我对外部世界缺乏正确的理解——我们对一切未知的东西感到惊奇，但往往因为缺乏正确的理解而将它们视为危险的怪物，从而给自己制造无中生有的恐惧。

由此看来，恐惧是人面对世界时必经的心理环节。孩子对外部世界充满恐惧不是问题，他天生无所畏惧才会成为大问题。

只要想到我们过去曾经恐惧过，就不应该对幼儿的恐惧进行嘲讽，而应对他的这种心理状态抱以深深的怜悯和同情。

所以我想，如果想让孩子尽快从恐惧的深渊中解脱出来，最好的办法就是让他认识并理解他所恐惧的对象。比如，他害怕摩托车，就应该拉着他的小手摸一摸摩托车，让他明白许多东西并不是他想象中的那么可怕。

当然，即使面对孩子，我们有时候也难以扼制自己的人性之恶。比如，有时候在小区里玩，我会突然猫下腰做出逃跑状，并大喊："快跑啊，大老虎来啦！"如此再三，孩子竟喜欢上了这种恐惧的游戏，他笑着、哭着、叫着，笨拙地在我身后拼命地逃。

☆童言无忌

从孩子一岁六个月开始，我们开始有意识地让他记父母及亲戚的名字，爸爸妈妈叫什么，舅舅姨姨叫什么，姥姥姥爷叫什么。

目的很明确，就是万一某一天他走失了，或者被人贩子拐跑了，可以告诉警察同志一些亲人的信息。

岳父姓陈，岳母姓范，同事们都称他们老陈、老范，所以我们也打趣地让儿子称他们老陈、老范。当这种世俗化的称呼从儿子口里说出来时，着实给平淡的生活带来了不少乐趣。

但是，在前几天的一个晚上教儿子各种称呼时，我的心灵之恶一下子难以遏抑了，老范与老饭桶只有一音之差，两相联系，真好玩啊！

当儿子听到“老饭桶”三个字时，他竟比我更兴奋，他反复地念叨这几个古怪的字音，并深感有趣。

突然，我想到了这种恶意联想的危险性，假如明天他当着岳母的面说出这三个要命的字，年迈的岳母会怎么想呢？

于是，我满脸嗔怒地喝止他，警告他再这样说就打屁股。但是，他望着我的脸，反而从我的激烈反应中受到了激励，并意识到这句话的巨大威力。他渴望受到大家的重视、注意，渴望在父母面前展示自己的力量，于是他更加精神亢奋地大叫：“老饭桶、老饭桶……”

这种情况让我深深地恐惧了。童言无忌是好的，但这往往又容易在成人之间制造矛盾与不和的根苗。显然，单靠压制，让孩子从此杜绝说出这三个字是不可能的，压制的结果只会增加他的叛逆。于是，我想起了如何让他自然遗忘——当他再说这句话时，我故意装作毫无反应。慢慢地，他也自感无趣，兴趣开始向其他事情转移。

此后的许多天，我不敢再问“××叫什么”，生怕再将那危险的字句勾引出来。我希望他能在时间的流逝中慢慢遗忘。从现在的情况看，我的策略被证明是正确的。

但这件事却给了我一个相当深刻的教训：即使对一个黄口小儿也应当慎言，否则他的童言无忌会带来许多不必要的麻烦。家庭不和、朋友反目，都可能由此产生。

☆长腿的汉字

我家旁边有一个广场，在广场的四周，有四面高高耸立的巨型广告牌。每次带孩子到这里玩，他总对这四面高大的“牌牌”充满兴趣。有一天，广告牌上五颜六色的画面和文字突然不见了，只剩下光光的板壁。

于是我问：“大牌牌怎么回事？”

孩子看了看说：“没有字呢（啦）！”

我问：“字跑到哪儿去啦？”

孩子举目四望，终于发现不远处有一面写有“××市民公约”的牌匾，于是他兴奋地指点着——“爸爸，字跑到那里去呢（啦）！”

☆股市又升了没？

妻子最近炒股票，越炒越赔，越赔越想翻本，越想翻本陷得越深，搞得人相当沮丧。

与此同时，中央电视台"步步高无绳电话"的广告做得正火。广告上的男性跑来跑去，被家里的座机电话搞得狼狈不堪，而无绳电话给他带来了巨大的方便。最后，他蹲在厕所里，一手拿《股市导报》，一手拿无绳电话，幸福而又惬意。

这时，有电话打进来，他摇头晃脑地问电话的另一方："喂，股市又升了没（mo）？"

这个广告给儿子带来极大的快乐，也引发了被股市套牢者的种种感想。从此，我与孩子模拟成人打电话，就有了一个惯用的套语："喂，股市又升了没？"儿子总是固执地回答："还没升！"

与广告相比，孩子从这个打电话游戏中得到了更大的快乐。他十分欣赏"还没升"这句话，被股票搞得灰头土脸的妻子每听此言，就哭笑不得。

☆“求佳佳”与“大兵”

《诗经·关雎》上说：“关关雎鸠，在河之洲。窈窕淑女，君子好逑。”

儿子喜欢这四句诗，他从诗的韵律中获得了快感。妻子也喜欢儿子背诵这四句诗，她从诗的内容中引发了关于儿子爱情生涯的联想。

儿子的小朋友中有一个可爱的小姑娘，她的名字叫佳佳。每当儿子背诵到“君子好逑”时，妻子总是兴奋地追问“求谁呀？”儿子一片茫然，这时妻子就代答说：“求佳佳！”

如是再三，“求佳佳”成了儿子的口头禅。每当儿子背诵《关雎》，“求佳佳”就成了一个出彩的小尾巴。

前几天，岳父家的一个小亲戚来访。这个十多岁的小女孩和儿子一起玩推土机，推土机的驾驶室里有一个戴大盖帽的小人儿。她告诉儿子说，这个小人儿是大兵。

从此，“大兵”成了儿子常念叨的词语。每当电视里、大街上出现解放军、警察或其他穿制服的公职人员，他都一概称之为“大兵”。

“求佳佳”和“大兵”是近一段时间家里常常谈论的话题。这种共同参与的对话拉近了全家人的距离，使我们有机会分享人生乐趣。但是我慢慢意识到，这种对话是潜藏着危险的。比如，假如儿子某一天面对佳佳的爸爸妈妈大喊“求佳佳”时，人家会有什么感想呢？对于自己的幼小女儿，他们会做好当岳父岳母的心理准备吗？再比如，“大兵”也是一种不太尊重的称谓，当儿子无忌的称呼传到解放军战士的耳朵里时，他们会做出什么反应呢？

也许佳佳的爸爸妈妈和解放军战士会一笑置之。因为出于礼貌，他们不会向一个无知的幼儿发怒。但是，他们一定知道这些轻慢的话都是孩子的父母教的，这样，他们会认为这孩子的父母一定缺乏教养。

由此，我又想起了先前的自我告诫：对待孩子，一定要慎言。

☆孤独是可耻的

张楚有一首歌，名叫《孤独的人是可耻的》。歌词没记住，但歌名却给了我很大的心理刺激。

读大学时，我曾为自己的孤独感到骄傲。在夜晚的河畔独自漫步，在蒙蒙细雨中踽踽独行，给自己带来过无限的人生感怀和悲慨。对异性保持着矜持，对同性保持着距离，一脸沉郁，满身孤傲，这曾是被无数人推崇的诗人气质。今天的人们称之为“扮酷”。

但是，随着年龄的增长，我却从这种特立独行中越来越品尝出一种可耻的味道。比如，大白天，我不会一个人在河边的公园里闲逛，更不会一个人独坐在城市广场的长椅上。作为一个成年人，我羞于在大庭广众之下展示我的孤独，因为满世界的人都在努力使自己表现得很幸福、很阳光。在这种背景下，孤独的人只会引来蔑视的目光。

树丛深处传来青年男女的窃窃私语，弯弯曲径上走着步履稳健的老年伴侣。在这种环境中，那踽踽独行者的出现是不合时宜的——他碰到什么人生灾难了吗？唉，这个可怜的男人！他是要来这里偷窥他人的爱情吗？唉，这个心理扭曲的男人！

不必多想了。总之，一个成年男人，有足够的理由为自己的孤独感到可耻。相反，在公共场合里有他人陪同的男人，是合法的男人，是光明正大的男人。

现在，儿子的出现，明显为我重新涉足公园、广场等公共场所提供了充足的理由。是的，我避免了像一个流浪汉一样无所事事地闲逛，也不会被误当作猎艳者在寻找艳遇。看，出现在大家面前的这个男人，是一个多么称职的父亲，他挤出宝贵的时间来陪自己的孩子；看，出现在大家面前的这个男人，是一个多么富有生活情趣的绅士，他和自己的孩子玩得那么开心。

说实在的，我很怀念青年时期独处的时光，因为只有在那时，我才感到自己真正属于自己。但是，我也同样喜欢在周日的午后，带上孩子到公园里闲逛，因为这是难得的休息，是在浮华喧嚣的人世间偷来的清闲。

是的，走累了，就坐在公园弯弯小径旁边的石椅上，周围有青而泛黄的草地环绕，真是一种美妙的享受。这时，孩子或者像一只轻盈而稚嫩的蝴蝶在旁边飘，或者像一只懒猫坐在怀里呆呆地望着远方。

一切都是那么美好。别忘了，头顶还有暖融融的阳光，使一切变得静谧而明亮。

总之，只要儿子不突然提出“尿尿”的申请，我愿意沉浸在这带有禅意的静寂中，直到永远。

☆渴望赞扬

人对尊重的需要可分为两类，即自尊和来自他人的尊重。幼儿的自我意识没有发育成熟，他的自尊心还不太强烈。他最渴望得到的，是来自他人的尊重。

孩子的每一点进步都让人惊奇，对自己的孩子，我们从来不吝啬表达由衷的鼓励和赞扬。“真乖”“真聪明”“真是妈妈的好孩子”，是父母几乎每天都要重复的口头禅。

我的孩子，现在一岁十个月，同样渴望来自父母的赞扬。为了得到肯定，他最近热衷于完成父母交给的各种任务，而且做事的方式十分夸张。比如，背完一首诗，他总要将诗的最后一个音节猛然提高八度，这既是要表达完成任务时的轻松和成就感，也明显传达着一种对他人欢呼的企求。是的，他需要父母以神情、语言、行动等一切手段对他的成就做出热烈的回应。

在这一点上，成年人和孩童之间具有明显的相似之处。我们在单位听领导做报告，他也习惯于将报告结束语的调门提得老高，显然，他的目的和我儿子的目的毫无差别，即追求演说的煽动性，期待来自听众或真诚或礼貌性的欢呼和掌声。

就我自己而言，我由衷地赞扬过孩子的进步，但更多的时候是想通过这种手段激励他有更优异的表现。孩子的单纯和幼稚使这种手段如此有效，以至于他在很多时候竟然“恬不知耻”地邀宠了。

比如最近，我没有邀请他表演什么，他竟也自鸣得意地“叽咕”一些莫名其妙的词语。 他或者金鸡独立，原地蹦起，或者一手掐腰、一手拿电话，哼哼哈哈地装大腕儿。

表演结束，他标准的落幕动作就是回望父母的脸，看父母有何反应。如果反应冷淡，他就有点讪然，表演就此收兵；如果父母有热烈的回应，他就两眼放光，手舞足蹈，像服了兴奋剂一样，亢奋到了极点。

这真是一幅美妙的图景，此时的当事人应该有点飘飘欲仙了吧！

除了言语的肯定之外，如果父母能给点掌声，那就更有意思了。 此刻，他将举起稚嫩的小手拍个不停，表现出“普天同庆”“与民同乐”的神态。

孩子啊，你什么时候能学会谦虚呢？ 比如，对父母的赞扬，你会不会表现出羞涩或难为情，或者对观众的捧场鞠上一个颇有绅士风度的躬？

☆孩子是一所学校

1997年10月10日，法国《巴黎竞赛画报》刊有一篇关于美国硬派明星史泰龙的文章。在20世纪80年代末，此君在电影《第一滴血》中的表演给人留下了深刻印象。他身材高大壮硕，满身肌肉疙瘩，刀刮脸、歪嘴巴、斜吊眉，一副凶相。后来，我们经常可以欣赏到他手持现代武器、满身涂油的酷照。这种凶神恶煞般的形象，加上他的婚变、性丑闻，想让人对他产生好感确实很难。

所以，在我的心目中，他俨然是一个野蛮动物，是一个随时准备咬下别人耳朵的白人中的泰森。

但是，从《巴黎竞赛画报》的文章看，这个钢铁般的硬汉原来却是柔情汹涌。那年9月，史泰龙不满一岁的女儿索菲娅·罗斯经检查患有先天性心脏畸形，这个消息几乎让他难以自持。幸好，手术奇迹般地获得成功。

从此，史泰龙和妻子、女儿之间的关系变得密切，他决定将家庭生活的幸福放在第一位。为了家人的安全和生活不受记者、影迷的骚扰，他卖掉了迈阿密富丽堂皇的房子以及长着五公顷热带植物的庄园。同时，在电影里，他开始热衷于塑造富有人情味的居家男人形象。

由史泰龙想到自己，想一想近两年来自己在生活方式、心理状态上的变化，同样令人惊诧——还睡过懒觉吗？还对他人的喜怒哀乐无动于衷吗？给孩子喂饭还那么笨拙吗？还在友人家里闲聊彻夜不归吗？还出差数日不给家里打电话报平安吗？还耻笑做父亲的男人婆婆妈妈吗？

没有，确实没有。

真的，我更怕有什么突然的意外降临到孩子头上——他会不会在人群里突然走失，会不会一不小心被什么东西撞倒或绊倒，会不会被某种不治之症夺去了生命……

确实，我再也找不到往日的自己。那时，我曾经满不在乎地冷漠过，也曾经玩世不恭地潇洒过。我曾一千次地想象过自己的未来，却从没有想过怎样做一个好父亲、好男人。

由此看来，孩子真是一所重塑成年人的学校，我们在他那里学会了牵挂、爱和关心，学会了对平庸的生活甘之如饴。

当然，莫名的悲哀也就随之而来了。我感到自己正被一个崭新的生命所替代，渐渐成为生活的配角。孩子在成长，父母在日复一日地苍老，除了顺应这人生的规律，品味这过程中的苦辣酸甜，我还能做些什么呢？

☆孩子的荣耀

周日的公园，形形色色的幼儿展示着他们的天真和美丽。他们跳，他们闹，他们静观，他们奔跑，他们衣着光鲜，他们无忧无虑地笑……

但这一派热闹景观的背后，也潜藏着一种真实而残酷的东西。比如，孩子并不真正是他自己，他们的穿着打扮、一颦一笑，都反映着他们父母的心理状态、知识素养和生活质量。

看，肥胖健壮、透着一股蛮气的孩子，后面必定跟着一个硕壮而俗气的少妇或一身横肉的男人；身材矫健、面带骄矜、名牌童装与整洁外表相辉映的孩子，旁边必有一位衣着考究、打扮入时的少妇相随。这两类孩子是打的来的，还是坐私家车来的呢？

鼻梁上架着眼镜的男人，他身边的孩子内向而羞涩，与周围的一切都保持距离；穿着质朴、活泼无忌的孩子，身边有一位同样质朴而快乐的工人式父亲。还有一种孩子，服饰廉价而略脏、神情好奇而疑惧，他无助地置身于这喧嚣的人流中——大概他的父亲是一位进城务工人员，刚刚将他从乡村带入这个陌生而神奇的城市。

对一个幼儿，从穿着和神情判断其“阶级”性，是一件相当残酷的事情。但是作为父母，我们又有谁没体验过这种由孩子带给自己的荣耀和伤感？

一个曾经落魄的朋友告诉我，他的女儿三岁时，看小朋友吃冰棍，就哭闹着让爸爸买，但他当时兜里竟然连五角钱也掏不出来。他说，作为父亲，他当时真有想哭的感觉。从此，他发誓放弃痴爱的文学，走上了经商之路。

这是一个极端的例子，但作为父母——平庸的社会谋食者，我们大多数体验过此类的难堪：孩子站在商店琳琅满目的食品货架前，贪婪地吮吸着手指，或者眼巴巴地望着其他孩子手中的美食。这时，我们唯一的感觉就是为自己的囊中羞涩而耻入骨髓。后来，随着孩子的长大，他还会产生攀比思想，他甚至会用别人家爸爸的万能来反衬自家爸爸的无能。这时，我们大概要感到无地自容了，可能抡起巴掌打人也无法掩饰内心的羞愧了。

所以，即便为了孩子的荣耀，我们也要加倍努力。

☆新上帝

几张特别的纸片交给商店的售货员，花花绿绿的商品就到了你手里。同样的纸片交给的士司机，你就可以坐车兜风，并十分迅速地到达一个地方。

这真是一种神奇的、充满魔力的纸片。人们赋予了它独特的价值，使它从此摆脱一般纸的属性，成了人民币。

不知什么时候，人民币的神奇性被孩子发现了。不管何时何地，他一看到人民币就两眼放光，死抓不放，嘴里念念有词："钱、钱……"此时的他，对钱的爱恋溢于言表。

这种纸片本身并说明不了什么，关键在于它能带来的东西。孩子爱钱，明显是爱这个世界的表现。他想拥有钱，明显也暗示着他对这个世界充满了强烈的占有欲。

大概，我和我的孩子，以及其他许多人，都有一个类似的梦想：如果能用这种纸片将整个世界都买下来多好啊！抱着钱睡觉，就是抱着世界睡觉；将钱放在口袋里，就是将世界放在口袋里；花钱消费，就是将世界的某一组成部分，快乐地装进自己的大脑或肚子里。

中国的教育传统，不管是封建时代的传统，还是革命时代的传统，都是在宣扬钱的罪恶和腐朽，以至于人们对金钱的蔑视和憎恶几乎成了本能。在日常生活中，我们忌讳和孩子谈钱，因为我们固执地认为，它是铜臭，是"阿堵物"，和崇高的精神生活水火不相容。

但在今天的商品时代，我认为，让孩子了解钱，绝对不是什么坏事。

我们的生活需要高尚的精神，但更需要穿衣吃饭。 让孩子爱钱、珍惜钱、知道挣钱的艰难，他将会更早地进入角色，成为一个自立的人。

☆夜半哭声

结婚分到新房后，我们经常半夜听到隔壁邻居家幼儿的哭声，在静寂的夜晚，这哭声不绝于耳，显得悲凉而凄厉。这时，我和妻子往往一边在床上翻身，一边发牢骚："多烦人的孩子啊！如果有一天生了孩子，好日子就到头了。"

第二天清晨，在楼道里碰到隔壁的邻居，他们大多脸色疲倦，眼圈泛黑，一副严重缺少睡眠的神情。回想过去，他们小两口也有过好时光：一边哼歌，一边上楼，肩并着肩，手挽着手……

后来，我偶然在生活区的电线杆上看到一些奇怪的纸条，上面写着："天皇皇，地皇皇，我家有个夜哭郎，过路君子念三遍，一觉睡到大天亮。"

这是一个大学教师的生活小区，住在里面的人不是教授就是博士，可谓"谈笑有鸿儒，往来无白丁"。在这样一个知识分子聚集的地方，竟然出现这种迷信化的标语，可见这家年轻的父母一定被他们的孩子折磨得无计可施了。

虽然一次次遭遇孩子夜哭的恐怖，但那时，这种"灾难"毕竟还没有降临到自己头上。事不关己，高高挂起，有点同情，有点怜悯，有点无关痛痒，有点幸灾乐祸，是当时的一种别致的心情。

今天，我们有了自己的孩子，才真正有机会"享受"这让人欲死欲活的折磨了。

到今天为止，孩子的夜哭已经持续了三天。一般情况下，他的大放悲声从凌晨三点开始，持续到四点三十分结束。在啼哭的过程中，他闭着眼，踢着腿，拧着身子……尽管你将各种各样的劝慰方法全部用上，他一概置之不理，只是一味地嚎、嚎、嚎……

真是一个地道的无赖和泼皮！我气得一边在房间乱转，一边破口大骂。第二天早晨，我还要早早爬起来上班，缺少睡眠的大脑怎样面对那一大堆急于处理的工作！

但是，孩子是缺乏同情心、不可理喻的小东西。发过脾气之后，我和妻子四目相对，一丝苦笑不禁挂在脸上。

最后，孩子终于哭累了，均匀而深沉的呼吸证明他睡得很香。打个哈欠，想随孩子再睡上一会，但窗外的晨曦已将室内照得微亮。

唉，想必也睡不出什么名堂了，还是出去慢跑一圈，然后给这小东西买点早餐吧！

☆与人的距离

我们来到这个世界，一切都那么偶然，那么被动——

在父母的精子和卵子碰撞的一瞬间，我们的生命被制造。

我们拒绝离开母亲的腹部，但没有人理睬我们用哭声表达的愤怒。

走出母体，我们被哺育、被教育，学会如何面对这个世界上形形色色的难题。

……

在被他人塑造的过程中，我们又慢慢地学会了模仿，父母的行为成为最主要的模仿对象。

总之，在出生之初，我们只不过是以动物的姿态站在这个世界上，只不过因为被他人塑造才成了一个人。通过模仿，我们成了和父母大同小异的样子，就像一首民谣所讲的："跟着啥人学啥人，跟着巫婆学下神。"

显然，总是被动地模仿是不能成为真正的人的。作为一个人，他的本质不是受动而是主动，不是自在而是自由，不是模仿而是创造。也就是说，主动地选择、自由地存在、能动地创造，是人之为人的三大要件。从这个角度讲，一个幼儿要成为一个真正意义上的人，确实还有相当遥远的路要走。

☆听孩子说故事

人生始自模仿，我的孩子也是这样。他不但十分投入地模仿成人的一切，而且想借助成人理解周围世界的神奇。从半岁时，他就想听父母讲些什么，到了一岁以后，听父母讲故事成了他生活中最必不可少的内容。

但是，我不想老让孩子当一个被动的听众，他如果能通过自己的思考去言说世界，对他而言，一切将会更好。因为只有这样，他才会从被役使的状态走向独立的状态，由被动地接受走向主动地创造。

事实证明，一个幼童学会独立思考是十分困难的事，但是，这却又是他早晚要面对的事情。所以，引导孩子独立思考、自我言说是我最近的努力方向。比如，当孩子缠着我讲故事的时候，我不再那么顺从，相反，我向他提出了一个同样的要求："你给爸爸讲个故事吧！"

面对我的要求，儿子多次表现出内心的茫然。他为难地哼哼着，机械地吮吸着手指，平常哇里哇啦说个不停的小嘴一瞬间卡了壳。但昨天，我终于听到了儿子向我讲述的故事：

有一天，妈妈变成了大灰狼。

这是儿子第一次创作属于自己的故事，虽然十分简单，但时间、人物、事件等的组成要素都有。其中，"有一天"是时间，"妈妈"是人物，"变成了大灰狼"是事件，变成大灰狼的过程是情节。故事发生的地点没有明确讲出来，但根据孩子狭小的生活圈子，可以推定它一定就发生在我们自家的房间。

显然，这个故事带有明显的模仿痕迹，它有无数版本的关于大灰狼的故事作为背景，比如狼外婆的故事、东郭先生和狼的故事等。但这种背景并不能抹杀孩子的创造，他将故事的主角由一个固定的反面角色置换成了妈妈，这就是一种惊世骇俗的创造。确实，在形形色色的童话故事中，我还没有见到过。

所以，我希望将这个短小的故事，作为他由被动接受转化为主动创造的分界点。

另外，如果他将来有幸成为一个作家，我会建议他将这个故事收进他的作品集里，作为他的处女作。

今天，孩子又炮制了另外一个故事：

有一天，包包哭了。

他最爱吃的肉包子怎么会哭呢？我百思不得其解，问作者本人，他也说不出个所以然。看来，越是短小精悍的故事越是难以理解。我还是将解读的任务交给读者诸君吧！

☆自我的肖像

最近，孩子很喜欢看照片。打开厚厚的相册，他看到了许多他熟悉的人，爸爸、妈妈、哥哥、姥姥、姥爷、大姨、小姨。

当然，更多的是他自己。

记得第一次翻相册，他并不认识照片上的自己。我问："这是谁呀？"他哼哼了半天说："娃娃。"

噢，他可能还不了解现代科技的神奇，不知道他的形象会被固定在一张薄薄的硬纸片上。当然，更关键的一点是，他还缺乏反观自身的能力，他认识周围很多人，唯独不认识他自己。

此后，我把他带到镜子前，让他看镜子里那个和他一样的娃娃，然后再让他对照一下相册里的照片。终于，他由镜子里对自己的直接认知，成功地转移到照片上关于自身的间接认知，他认出了照片上的娃娃就是自己。

但是，有些照片他仍然无法认识，比如他那满脸皱纹的丑陋的出生照、肥如乳猪的憨憨的百日照，他坚持认为，那是娃娃或者弟弟。

由此可见，孩子虽然对认识自己充满热情，但这还需要一个过程。首先，他无法理解自己的形象怎么会跑到了镜子里、纸片上，甚至不知道人为什么还会有形象。后来习见习闻，他就接受了镜子和纸上有无数个自己。然后，他又会为自己的成长而困惑，他不知道时间会促使他成长，并日复一日地改变着他的模样。

当然，终有一天，孩子会认识到照片上那个像一团粉蒸肉一样的娃娃，就是幼年时的他。到了成年之后，我更不能想象他看到这种照片会作何感想：如果他是一位风华正茂的青年，他会为自己当初的形象感到羞愧吗？如果他是一位一本正经的父亲，他会感到当初的自己有失尊严吗？

但是，我认为，一个人随着年龄的增长和职位的提高，他是应该经常看看自己的出生照的。这种对自身来处的回望，有助于他遏制自我神化的欲望，变得理性，变得自省，变得明智，变得更深刻地理解人及其生命。

☆生命的流程

关于生命，日本画家东山魁夷说过一段耐人寻味的话："生命究竟是什么？我在某个时候来到这个世界，不久又要去另外的地方。不存在什么常住之地、常住之家。我发现，只有无常和流转才是生的明证。"

从这个角度讲，通过照片，我们虽然可以更明智地理解个体生命的成长，但并不足以使人洞悉生命本身的奥秘。作为个体，我们赤身裸体来到这个世界，然后在火葬场化为一股青烟在空中消失，是如此简单。我们的现实存在就给了我们关于个体生命问题的答案。但是，人作为一种独特的生命现象，他面临的问题又是如此复杂——我们从哪里来？我们向何处去？

简单的回答依然是有的。比如，我们从哪里来？一个直白的答案就是从母腹中来。但母亲又是从哪里来？当然，她是从外祖母那里来。外祖母的母亲、外祖母的母亲的母亲……又是从哪里来呢？

于此，照片上可以直观的个体生命史，就转化为一个让人为之怅惘的人类生命史问题。也正因此，生命，在思维中游离了当下的事实，成为一个难解的谜。

生命是什么，从圣者到凡人都给予过形形色色的回答。神学家说人是上帝创造的，人类学家说他是猴子进化的，姥姥说他是从田野里捡来的，父母说他是自己生的。在生命的终结处，我们不知道将会上天堂还是下地狱，是变成田野里的一株荒草，还是化为蝴蝶在天空翩翩而飞。当然，还有更残酷的比喻：生命，大概就像书房里的台灯吧，一拧开关，生命灿烂而明亮，再一拧开关，这生命之灯也就悄无声息地失去了它的光芒。

但是，谁又是那掌控生命之灯的命运之手呢？

正是因为生命之谜难解，所以，在人类历史的童年时期，古希腊人就向人间的每位存在者发出了“认识你自己”的呼吁。但是，作为一个人，我们又必然会陷入这个永难破解的谜中，就像蛋壳里的小鸡永远无法说清鸡蛋一样。假如一位圣者将这个问题彻底搞明白了，我们的人文科学也就失去了意义。

现在，我的孩子还没有陷入这种令人困惑的精神迷茫。如果将来他对哲学毫无兴趣，他也许一生都不会理会这些“无聊”的问题。据说，中国宋代哲学家朱熹自五岁时就为这些问题烦恼，并被后人作为判断一个人是否具有哲学天赋的根据。我不想让孩子自幼就陷入这种哲学的烦恼，以至于成了一个整天不会笑的“小老头”。他现在的任务不是生活在生活之外，而是生活在生活之中，是上紧生命的发条急急忙忙地成长。

☆乳房的故事

夜半，妻子要到另一个城市出差。她蹑手蹑脚地穿上衣服，身轻如猫般整理物品，然后，分别在儿子和我脸上吻了一下，轻轻扣上门，溜了。

但瞬息之间，麻烦来了。妻子的高跟鞋与楼梯的撞击声是那样清脆而悠扬，在这黎明前的黑暗中，不禁让人想起王维的伟大诗句："空山不见人，但闻人语响。"

这时，我感到熟睡的儿子小手抽动了一下，然后他就开始毫无节制地哭喊："妈……妈……我……要……妈……妈……"

妻已远去，孩子提出的是一种无法兑现的企求。在平常，我会用讲故事等诸多手段转移他的注意力，而且屡试不爽。但现在，他除了"要妈妈"这根神经十分活跃之外，身体的其他部位，如耳朵、眼睛，却仍停留在睡眠中。面对这种情况，除了任他大嚎，似乎别无良策了。

我明白，按照儿子的睡眠习惯，他现在并不是为失去母亲而哭泣，而是为失去了每天睡眠时必须紧握的妻子的乳房。也就是说，他需要的并不是真实的母亲，而是母亲式的抚慰，甚至不是母亲式的抚慰，而是母亲某一独特的器官。

明白了这一点，我就开始了自己颇为荒唐的尝试：钻进孩子的被窝，模仿着妻子的语调，将儿子的小手放在我的胸膛。

儿子果然上当，他像一头小猪一样拱进我的怀里，小手拨开我的睡衣，在我的胸部摩挲。直到占稳了乳头的位置，他便又一次呼呼大睡了。

我凝视着寂静的黑夜，突然产生了一种异常的感觉，这感觉使我体味到母子式的肌肤相亲之乐。然而转念又一思索，不禁在嘴角挂起恶作剧式的笑。可怜的小东西，你其实是很容易被欺骗的。北魏时期的女杰花木兰代父从军，骗过了她的元帅和战友，最后得意地吟道：“雄兔脚扑朔，雌兔眼迷离；双兔傍地走，安能辨我是雄雌？”这四句小诗，今夜品读起来，真是别有韵致。

是的，我的以假乱真，同样使这小东西雌雄莫辨了。

☆妈妈在黑夜

妻子的单位越来越不景气，孩子蓬勃的贪欲总和父母微薄的工资不成比例。经过很长时间的彷徨徘徊、长吁短叹，妻子最后咬着牙说："你在学校里教书，虽工资不高，好赖也算个稳定的职业，况且也评上了高级职称，一下扔掉也怪可惜，这样吧，还是我出去闯闯！"

在女人里，妻子是个相当有能力的人，她这一咬牙，虽然没有像许多传奇故事里讲的那样，"咬"出了一个大款，但家里的日子毕竟比过去好过多了。她在一个外资企业里谋到了一个会计的职位，月薪两千多元，是原来工资的三倍。

她常常自我安慰道："从最差处着想，现在干一年，也等于在原单位干三年，即使有一天失业，我也有资格在家歇两年呢！"我想，确实是这个道理。

但是，愈靠近年终，我愈感到这两千元钱确实来得不易。按照外资公司的管理方式，中午只有一个半小时的休息时间，她中午再想回家是不可能了。更要命的是，最近一个月，她每天加班，少则到晚上十点，多则到凌晨两点，家成了一个名副其实的旅店。

这样一来，可就苦了家里的两个单身男性。每当夜幕降临，大男人和小男人形影相吊，大男人孤寂而焦虑，小男人顽劣而哭闹，这日子让人怎么熬？

成人的烦恼大多可以靠理智去克服，靠宽容来化解，但每想到儿子，就不禁产生满腹愁绪。对他来讲，常挂在嘴边的妈妈已变得越来越遥远，越来越抽象，因为现在的妈妈是属于黑夜的。夜晚，妈妈轻轻吻他脸颊的时候，他已入睡；早晨，妈妈向他吻别的时候，他依然沉浸于甜甜的梦中。

按照弗洛伊德的理论，男性的“弑父”或“恋母”情结在幼儿时期就种下了，这就像狗追猫、猫捉老鼠一样出于天性。但我相信，此情此景中的儿子是不敢抱有“弑父”的非分之想的，甚至对父亲的敌意也不会丝毫显露。因为他必须屈从于一个现实，即父亲的在场毕竟比父母同时缺席要好得多。

有意思的是，经过最初的哭泣、绝望、屈从、遗忘之后，儿子渐渐适应了这种新的生活方式，甚至对我的依恋超出了对妻子的依恋。半夜醒来，他呼喊爸爸；出门上街，他扬起小手要求“爸爸抱”。

每当此时，我能看到妻子脸上的无奈，甚至盈盈的泪光，同时，我内心也会涌起几分自得，甚至“复仇”的快意。但转念一想，这种爱的错位，未免对孩子太残酷，他幼小的心灵经历了一个多么痛苦的转移过程！

由此，又不禁让人想起邻居家饲养的狗和猫。这两只动物由最初的撕咬变得相安无事，又由相安无事变成了一对耳鬓厮磨的朋友。

是的，在极端孤寂的状态中，即使命中注定的仇敌也会相互接近，寻求沟通。小猫和小狗是这样，苏联小说《第四十一》中的红军女战士与白军男友是这样，即将冻死的詹姆斯·邦德和苏联女间谍是这样，怀有“弑父”情结的儿子和我也必然是这样。

☆付出的哲学

其实，人都是怀有长生不死的野心的。假如我死了，我希望我的儿子以及儿子的儿子，仍然以我的另一种形象在这个世界上傲然站立。从这个意义上讲，我们爱孩子，也是爱自己生命的延续。

许多父母，总为自己爱的付出能否得到回报忧心忡忡。他们说：现在对孩子这么好，还不知道他将来变成什么样子呢？他会听孩子王的话、听老师的话、听老婆的话，他会淡忘我们、厌倦我们、遗弃我们、甚至变成拔刀相向的仇人！

但是我要说，这种关于回报的忧虑是一种肤浅的忧虑，因为你今天的付出不过是对自己下一种生命存在方式的预先投资。从世俗角度讲，孩子延续着你的姓氏、你的血脉；从生命深层讲，孩子将你的基因带入永恒的时间之流中。

据此，我们就能理解中国人为什么对“绝后”充满根深蒂固的恐惧，为什么将延续“香火”作为此生最重要的责任。

因为，我们不相信自己的灵魂会上天堂，只知道生命的薪传会给每个人一个可以预期的永恒。

据此，捐献人体器官也可看作是人借此获得不朽的更直接手段。是的，随着生命一丝丝飘离出我们的肉体，那曾经呼呼作响的心脏、一张一弛的肺脏、炯炯有神的眼睛，必将化为灰烬，变为一种非生命的存在。但是，现代医学通过移花接木的奇妙手段，将这些垂死的器官嫁接到另一株鲜活的生命之树上。这些被嫁接的器官，难道不是起死回生，重新延续了我们已衰朽的生命？

所以，我们在世时有机会为孩子或他人付出，这是人生的大幸。

☆真实与谎言

在人性的诸多缺点中，我们尤其憎恶说谎。说谎，即有意说不真实的话。

我们为什么憎恶谎言？因为我们生活在一个崇尚真实的时代，我们要寻找世界的确定性，我们要为世界立法，而谎言，无疑是实现这一伟大目的的最可恨的敌人。

但是，在某种情况下，我们又是谎言的制造者和教唆者。比如，对于幼儿，我们创作了无数荒诞不经的童话，什么大海里的美人鱼、大森林里的白雪公主和小矮人等。讲述起来，更是绘声绘色，引人激动不已。

作为父亲，面对自己的孩子，我们往往遇到一种理性与情感的矛盾。一方面，我们向孩子讲述着离奇的童话故事，另一方面，又知道这些胡编乱造的故事没有什么现实依据。

难道我们在有意识地培养孩子说谎的恶习吗？绝不可能。若非如此，童话的意义究竟在哪里？

其实，在幼儿被童话式的谎言一次次欺骗的同时，他明显得到了更多的教益。童话给他提供了一个充满神奇想象的诗意世界，这个世界因动植物都在自我言说而生命洋溢。对于幼儿来讲，这个世界因不存在人与物的二元对立而让人感到美好。小猫、小狗的世界是人性化的，它们因自己生命的脆弱而和幼儿建立了同情关系。据此，童话就成了我们与幼儿对话的媒介，幼儿不能理解成年人的欢娱和痛苦，却能通过小猫、小狗与世界建立联系。

另外，从成人的角度讲，我们不但希望幼儿通过童话认识世界，更希望借此培养他良好的性情和想象力。我们不给他讲小猫、小狗拉屎，也不愿意讲动物的性事和暴力，这种有意识对丑、恶、脏的回避，无疑是要让他在这个爱的乐园里多停留一会儿，并陶冶性情。我们让自然界的动植物开口说话，有悲有喜，并将童话的王国一概安置在远方的空间，无非是要培养他对未知世界的好奇。

我们没有想到，当我们向儿童说着谎言、进行“欺骗”的时候，他却信以为真。他相信“肉包包”会哭，相信“灯灯”会睁眼闭眼，相信树是大山的耳朵，相信草是大地的毛发。由此发展，他当然也会用童话的方式掩饰自己日常生活中做的坏事。

所以，当你的孩子拿了别人的东西却说是从天上飞下来的时候，你不要过分生气，因为他真正地相信这一点。这是他自己编织的童话。其实，成人何尝不是如此。第一次说谎会脸红，第二次说谎会坦然，第三次说谎连自己也会以假当真。与成人相比，幼儿只不过省略了成人的虚伪，直接达到了心与口的合一而已。

由以上分析可见，对幼儿的童话教育确实十分有益又十分危险。怎样让幼儿既享受梦幻的愉快又认识现实的真实层面，怎样让童话的世界与真实的世界接轨，应该是一个大问题。

他能在成年之后，保留童话的诗性记忆并创造一个童话般的美好世界吗?

他会延续那起于童年的说谎的恶习，成为一个职业的骗子吗?

☆纯粹声音（1）

人与人之间的交流不仅仅靠语言，我们的肢体、神情也是传递信息的重要媒介。对于幼儿，他拥有的词汇少得可怜，所以，每当成人和他说话，他总是瞪大眼睛、神情专注地盯着对方。

是的，他在尽力通过对成人语言、神情、手势等多重因素的领悟，达到信息的沟通。也就是说，他只有充分地掌握了语言这种抽象的工具之后，才能享受到纯粹声音的交流。

最近我发现，孩子对语言的使用确实每天都在进步，这应该和我以下的语言训练有关。

这是一些简单的填空。比如，我说“大老”，让他说出“虎”或“鼠”；我说“熊”，让他对出“猫”。依此类推，大灰……狼、小白……兔、面……的、孔……雀，等等。在填空的过程中，发生过许多有趣的事情。有时，他会说出一些让人莫名其妙的词，很明显，他想靠作弊蒙混过关，但均被我一一识破。有时，他的一些应对颇出人意料。比如，我原本预计他要说“面的”，他却对出了“面条”；预计他要说“孔雀”，他却对出了“孔孔”。另外，我也尽量用一个词根引发他的联想，拓展他想象的广度，比如“红”，他先后对出了“红薯”“红苹果”“红鞋子”“红肚兜”……

当他回答得对时，我夸张地给予表扬。他从这种操练中不但掌握了更多描述事物的词汇，也获得了成就感，并以此为幸福。

☆纯粹声音（2）

一岁多的孩子对吃最感兴趣，也最熟悉食物，我要借此考考他辨别食物的能力。

“你吃熊猫糖吗？”

“吃。”

“你吃熊猫饼干吗？”

“吃。”

“你吃熊猫吗？”

“嗯……不吃。”

在回答的过程中，孩子一直处于思维的紧张状态中。有时，面对我“你吃大老虎吗”之类的突然转折，他会一下子答出“吃”，然后似乎琢磨出情况不对，马上羞涩地笑着说：“不吃。”

显然，孩子对一些事物的属性已有了辨别能力，并成功地思考了应该接受什么、拒绝什么。

此时，儿子一岁十个月，我自认为着实不简单。

有了以上的训练，他以下的表现也就不足为奇了。过去，儿子听电话，只会鹦鹉学舌，大人教一句，他复述一句，离开了对象性存在的人，他明显不会和纯粹的声音交流。但是，今天晚上就不一样了。

晚上八点，他突然哭喊着要找尚未下班的妈妈，我拨通了妻子的电话，然后将话筒交给他。简单的交流如下：

儿子：“妈妈回家。”

妻子："好，一会儿就到。"

儿子："妈妈买东西吃。"

妻子："好，什么东西？"

儿子："糖糖，旺旺仙贝。"

这是纯粹的声音与声音的交流，虽然简单，意义却非同寻常。

☆孩子本该叫“雪来”

冬天到了，昨天开始下雪，不禁使人想起孩子出生时下的那场雪。当天是正月初三，妻子坚强地挺着大肚子，一副满不在乎的样子。

我很逍遥地和朋友打扑克，她则站在洗衣机前洗衣服。

到了凌晨，她突然说肚子疼。我说：“深更半夜，你能不能忍一忍？”她说：“忍不住了，疼是小事，就是下沉得要命。”

于是，带上铺盖及换洗衣服，拦了一辆出租车，我们直奔医院。一路上，纷纷扬扬的雪下个不停。

折腾了六个多小时，孩子终于生出来了，他和无数的雪花一起来到这个世界。

给这小东西起个名字吧。他外公想了半天，认为他寅时出生，又属鼠，最好叫“子寅”。

多没品位的名字，我毫不客气地给否了。他外公又说：“道可道，非常道；名可名，非常名。就叫‘可道’或‘可名’吧！”这名字够古老的，缺乏起码的现代气息，也被我断然否定了。

迎着风雪给医院里的妻子送鸡汤，我突然想到，孩子和雪一起来到这个世界，就叫他“雪来”吧！而且这名字正好和英国诗人雪莱的名字同音，这就更加意味隽永。

我兴冲冲地告诉妻子，妻子听后有点不高兴。她说：“雪莱谁不知道，三十多岁就淹死了。况且，他抛弃了妻子和一个女孩私奔，和他的小姨子也不明不白，你想让儿子将来成为他那样的人吗？再者，写诗不能当饭吃，将来孩子假如真成了诗人，他不是要一辈子穷困潦倒吗？”

妻子的一番议论让我半天无话。是啊，将来儿子“不幸”成为诗人，或更“不幸”成了雪莱第二，我能负得起责任吗？

最后，妻子说：“你看，儿子白胖胖、圆滚滚的，况且又是正月出生的，咱就叫他‘阿元’吧！”

就这样，作为儿子的乳名，“阿元”被叫了近两年，以至于有时和儿子玩“填空”游戏，每当我张大嘴巴“啊”，他就随之从嘴里蹦出“元”。但我一直觉得这名字别扭。生长在北方，为什么要像江浙人那样起名字呢？况且，虽然儿子出生在大年初三，但阳历已是二月二十一日，按阳历他该叫“阿二”，按阴历他也应叫“阿正”。阿元，多么不伦不类的名字。

所以，面对着今天的大雪，我真想质问那位英国诗人，你为什么不是一位大政治家，不是一个大商人，不是一个社会认可的道德圣人？那样的话，我的儿子今天一定会叫“雪来”。

☆卡拉永远OK

前几天，我花九十元给孩子买了五盘 VCD。我当时想，既然这小东西为电视广告着魔，以至于满口不离广告词，倒不如借此引导他唱唱儿歌，看看画面上活蹦乱跳的小朋友、小动物。

此招果然奏效。前天晚上，VCD 机一开，这小东西就开始随儿歌扭动，小手张开，做企鹅奔跑状。我接上卡拉 OK 话筒，唱起“一闪一闪亮晶晶”，他更感奇妙，神秘兮兮地凑上来，哇哇哇地伴奏。

他渴望参与，渴望自己的声音得到更广泛的传达，就像童年时我们总是对着山谷大叫，希望听到那遥远的回声。

我知道，大多数成人是喜欢唱卡拉 OK 的，在音乐的伴奏、字幕的指导下，我们轻而易举地成为香港四大天王式的歌星，而且有机会为自己有如此“美妙”的歌喉折服、感动。人的自我迷恋的情感、自我提升的欲望，都可以借助这种手段得到实现。

我不知道孩子对卡拉 OK 是否有如此复杂的体验，但不管怎样，他确实对这玩意儿爱到了发疯的程度。带他到外面玩，他不感兴趣，总是念叨着回家唱歌。回到家里，他除了“唱歌”没有别的企求，不遂意，就大嘴一撇，哇哇大哭。昨天夜里，我们一直唱到十一点，从《小星星》《泥娃娃》到《采蘑菇的小姑娘》《伙伴》，再到《小鸭子》《我是公社小社员》……一直唱了两盘 VCD，他一点也没有就此罢手的意思。最后，我再也坚持不下去了，坚决地说：“睡觉、关灯。”当然，随之而来的又是让人难以忍受的哭声。

儿子在哭声中睡去了。半夜里把尿，他仍在睡眼惺忪中唠叨："我要唱歌。"

细想起来，孩子对某件事情的迷恋着实可气又可怜。为了他的视力不受影响，为了保证其正常的睡眠，父母不可能毫无原则地遂其所愿。但是，面对一个脆弱的小生命的乞求和不算苛刻的要求，要彻底拒绝，确实又需要拿出极大的勇气。

今天晚上刚进家门，这小东西就给我搬了一个矮凳，可怜巴巴地说："爸爸坐下，唱歌吧！"一岁十个月的他并不会唱，但他喜欢坐在我的腿上，安静如水般地看和听。

我又一次失去了拒绝的勇气，OK，再为这忠实的听众高歌一曲。

☆搭积木

过去，在报纸上看到过一篇新闻专访，主角是一位世界级的著名建筑师。他认为，他之所以能设计出许多世界知名的建筑，和他幼年时对积木的迷恋大有关系。

我记下了这件事，所以很早就教孩子搭积木。起初的情形，前文已交代过——不管我摆出什么形状，儿子一概以手毁灭之，然后咧着嘴哈哈大笑，乐不可支。

一般而言，完成一样东西总是十分艰难，而毁坏一个东西，又总是十分简单。这就像我写一本书，至少要历时一年，但一旦电脑出现了问题，可能瞬间就彻底完了。这也有点像秦始皇焚书坑儒，此前中国的思想者历经千余年才创造的精神财富，这位暴君一把火就将一切烧个精光。

也许正因为破坏和否定是如此容易，而且大批判、大毁灭是如此让人痛快淋漓，所以在中外历史上，否定者、破坏者总是大受赞扬的。政治上的在野者、造反者、起义者，文化上的虚无主义者、否定主义者、反理性主义者等，他们的言论和思想总能轻而易举地赢得更多听众。

按照弗洛伊德的说法，一个幼儿，天生就有爱的本能和死的本能。按我的理解，前者并不是说人出生之初就想谈恋爱，而是说他渴望与他人交往；后者也不是说人一生下来就想死，而是讲人天生具有摧毁他人或他物的欲望。比较而言，爱的本能明显是建设性的，人爱这个世界才能投入创造；死的本能则明显预示着一种对既成之物的破坏，它大概是一切文化或政治上的否定主义的心理根源。

在爱与死之间，我相信死的本能更具本源性，就像非理性比理性更根植于人性一样。摧毁一切既成的存在，不但让人体味到放纵和宣泄的快感，而且与建设的艰辛比起来是如此简单。

如果说人生始自破坏，那么，如果没有既成的东西存在，又有什么东西可以破坏呢？也许是这种人生的辩证法在起作用，从这个月开始，我的儿子开始想建造某种东西了。这种建设欲的最初表现就是摆积木。现在，每天晚上，他催我回家的一个主要的理由就是“回家玩积木”。

回到家里，他开始倒腾那些厚薄、长短不一的小木片，他不再满足于我建高楼他毁灭，而是自己试着让木块站立或叠加在一起，并在嘴里念叨着“高楼”“火箭”“烟囱”之类的东西。

孩子还不懂几何学，还不懂得什么叫平衡。所以最初，他能将三块积木叠加在一起已经实属了不起。过去，他以摧毁为乐，对别人的“劳动成果”毫不珍惜，而现在，当他自己要建造“高楼”时，应该能体验到其中的艰难了。每当那些积木因失去平衡而倒塌，他就十分沮丧。有无数次，他咧嘴大哭。更有无数次，他一边哭，一边将散碎的木块扔得满房间都是。

是的，他要为积木的不合作而泄愤，就像我写文章遇到思路堵塞而猛击键盘，也像一个司机面对抛锚的汽车折腾一番后，一边用脚踹轮胎，一边大发雷霆。

但是，孩子总是禁不住积木的诱惑，每次泄愤之后，他总会一次次捡起积木重新摆，就像我砸了无数次键盘还要重新开始打字一样。

渴望在世间有所成就，似乎是每个人无法摆脱的宿命。从幼儿时期起，我们就试图通过游戏完成些什么、建造些什么，比如摆积木、过家家。长大之后，我们则通过自己的劳动证明自身的价值，用许许多多的劳动成果达成对自身本质力量的肯定。

显然，与破坏的欲望相比，通过有所建树获得成就感，这种意识的出现是一个人的心智逐步走向成熟的标志。我的孩子从试图搭起三块积木开始，已经表现出了这种意识，也就是说，他已经开始踏上“成人”之路。当然，他以后经历的挫折和沮丧，一定比今天搭积木所经历的失败要多得多了，就像我们每个成年人脸上的皱纹和头上慢慢变白的头发，哪一种不是被失败的创痛折磨的结果呢？

只要活着，我们就必须面对这种由创造带来的焦虑和沮丧。对于初涉此道的孩子来讲，我们又能做些什么呢？

还是送上一句话吧：

“孩子，别太为难自己，祝你一生好走！”

☆一次生病的经历

十天前，我带孩子到妻子的单位玩，妻子买了很多美味的幼儿食品款待他。大人在一边闲谈，他在一边吃着玩着，巧克力、饼干撒了一地。

突然，“咚”的一声巨响，他踩在巧克力糖上滑倒了，后脑勺着地，直挺挺地躺在地上。我们赶紧把他抱起来，又揉又哄，他半天才从嗓子眼里挤出一串哭声，可见摔得够痛。

小孩摔跤是正常现象，所以我们谁也没有在意。但过了一天，他的食量开始减少，精神萎靡，常常咳嗽、呕吐。面对这种情况，我和妻子的脸色开始变得严肃：这是为什么？是因为吃东西积食，还是前一天摔出了毛病？

我们带他到医院里检查，大夫只是开了一些助消化的药。我有点不甘心，就说他前一天还摔了一跤。大夫听后马上一脸严肃，他说：“一般情况下，孩子摔跤属正常现象，但也不能排除会出现什么问题。你们如果不放心，还是带他去做个 CT 吧，看脑子有没有什么问题。”

到了 CT 室，孩子看到那硕大而且左右摇摆的机器，就开始一脸惊恐，随之就开始杀猪般号叫起来。

我累了一身汗，但他始终抗拒检查，十分不合作，小身体一挺一挺地往上蹿，好像吃奶的劲儿都使上了。后来，他哭得撕心裂肺，CT 还是没有做成。负责做 CT 的大夫说：“从没见过这样难搞定的孩子，你要想做就明天再来，别忘了多带几个帮手。”

傍晚回家，做了一顿可口的饭，这小东西胃口和精神头都看涨，又蹦又跳，外加要求唱歌、玩积木。我和妻子茫然相视，最后得出了一个结论：到医院里大哭一场，加上拼死挣扎时出了一身大汗，他的病好了！

☆正常还是反常？

经过在医院一番折腾，孩子的病好了，但咳嗽的毛病依然存在。因为咳嗽过度，他有时就不免呕吐。这好办，家里有××小儿止咳露，喝一些也就是了。

白天喝了三次，晚上儿子早早睡去了，一觉睡到天亮。我和妻子暗自窃喜，看来，我们终于可以睡个安稳觉了。但我们心里却又感到有一种微妙的不正常：平常，我们一般要在半夜为这小东西折腾两次，一次是把尿，一次是被他吃奶的哭声唤醒。

第二天，他依然是一觉睡到天亮。我和妻子又开始茫然相对，该不会有什么问题吧！半夜里起来摸一摸，他的鼻孔依然均匀地进气出气，但不吃不喝、不拉不撒，这到底是为什么？

第三天，我们又忍不住到医院找大夫，大夫一听陈述笑了："小孩夜里吃东西是不正常的，不吃东西睡个好觉才算正常。现在，你们将他正常看成了不正常，可见是你们自己不正常了。"

但大夫的话并没能彻底消除我们的担心，因为只有父母才最了解孩子的生命节律。我们宁要他过去的不正常，也不要他突如其来的正常。

还好，昨天夜里，他又拉着哭腔要奶吃了。我赶紧爬起来冲奶，满足他这种不正常的愿望。

☆生活在别处

生活在城里的人常有这样的感叹：物质、信息的膨胀与生存方式的单调越来越不协调。我们每天生活在固定的套路中，不是生理需要，而是钟表决定着我们的作息时间。虽然我们可以通过现代传媒了解世界上发生的一切，但那不过是电视传递的关于某一事件的幻象，一切因为没有亲力亲为而失去真实性和现场感。另外，拥挤的生存空间使我们离诗性的东西越来越远，我们每天都在大街上看见无数张闪过的冷漠的脸，却不愿也不曾试图理解那面孔背后隐藏的爱恨悲欢。抬头仰望，被高楼挟持的月亮和被霓虹灯夺去光芒的星光，使天空成为灰蒙蒙的单调的背景。

我坚信，这种生存背景，是不利于幼儿成长的。比如，我们因为街上横冲直撞的车流而将他关在家的牢笼中，因为工作忙碌而懒于和他沟通交流，于是，他成了一只困在笼中的“小兽”，除了对食物的体认和对电视幻象的狂热，他生命的能量无从宣泄。周围世界让他无限茫然，也无限陌生。

所以，我们发现，城里的孩子总容易心理焦虑、烦躁不安。他们乖戾的性格、张狂的行为、孤僻而自闭的内心世界，确实让人忧心忡忡。另外，再看看他们被麦当劳、肯德基养成的肥胖而笨拙的身体，以及长期缺乏户外活动而形成的非自然的苍白的脸，着实让人担心。

基于以上情况，我总是尽可能地腾出时间陪孩子玩，因为玩是孩子最具日常性的工作。我也总是尽可能地带孩子走出城市，到有山有水有风景的地方转一转，因为即使是一只小狗也需要经常牵着它外出遛遛呢！

今年寒假，我准备带孩子回老家过年。目的很简单，就是要让孩子了解城市之外的世界。我相信，只有回到乡下，他才能了解空间的广袤、太阳的明亮、星光的灿烂，才能体味一种不受时间逼迫的从容的生活，才能看到在城里那一张张冷漠的脸孔之外，还有人性的真诚和四溢的亲情。至于每当夜晚，乡下那万籁俱寂的宁静，更和城里一天到晚无限绵延的噪声形成巨大反差。

人们总说，一片美丽的风景就是一片美丽的心灵。通过还乡，虽然我没有让孩子的心灵因此更美丽的奢望，但我相信，孩子的精神世界一定会因此变得丰富，他一定因此超越井底之蛙式的生活视域，知道世界比他看到和听到的更丰富、更多彩。

我更相信，心灵的丰富是与智力的成长成正比的。只有见多才能识广，只有识广才能使大脑有可供思考的内容。

总之，城里的父母们，我们应该在孩子的幼年时期，尽可能多地给他们提供几次远游的经历。今天所做的一切，一定会在他们成人后的脑海里留下美好的诗性记忆。

☆还乡

今天是腊月二十七，返乡之旅从今日开始。

下午三点，朋友的汽车停在家乡西南面的一条乡村公路上。由于一场雪刚下过不久，通往小村的土路在午后阳光下显得泥泞不堪。我们谢过朋友和司机，决定徒步走过这最后的路程。

冬日的原野，数公里之内不见一个人影。大地好像安装了功能极强的消音装置，除了脚步与泥土的摩擦，将一切声音都消隐于无边的沉寂里。在一片苍茫之中，墨色成了天地的主调，只有残留的雪痕偶尔显示出它对周围环境的叛逆。

我提着礼品，妻子抱着孩子，泥滑的土路让我们浑身汗湿，不堪重负，但儿子的兴奋却使这一切辛苦变得富有意义。他的眼睛左顾右盼，小手指指点点，成垄的麦苗及田野间扑棱乱飞的麻雀让他惊奇，让他备感新鲜。

如果是一匹小马，他此时要打响鼻了吧！

走到村庄附近的麦场，我们停下歇脚。此时已远离夏日麦收的忙碌季节，麦场上，只有几个高低不等的麦秸垛让人产生关于夏天的回忆。曾几何时，我和童年的伙伴在这里捉过迷藏，青年男女在这里体味过爱情，现在，他们都该成家立业、为人父母了吧！

人的青春易于消逝，只有大自然依然展示着它永恒的纯净色彩和亮丽的阳光。

我对妻子说，乡下的空气真好啊。如果这里没有贫穷，我不会在当初抱有那么强烈的逃离的渴望。以后到了晚年，我真想在村边盖栋房子，读读书，散散步，写写散碎文章，在平静的生活和心境中老去。

成年人的感慨表现在目光和言语里，孩子的激动则表现在行动里。儿子在村头麦场上酣畅淋漓地撒了一泡尿，随之浑身一颤，然后就开始亢奋了。

回到村里的哥哥家，经过短暂的陌生化体验，他马上和一群同龄的小朋友打成一片了。面对城里来的这个小怪物，乡下孩子显得拘谨，但儿子却表现出少有的自我解放。他不厌其烦地爬上庭院里的小土堆，并自壮声势地喊着“爬山”。他追着大公鸡满院跑，摸着猫、狗、猪、羊嗷嗷叫。

是的，过去在电视或画册上认识的动物现在变成了真实的存在，绝对是让人激动的事。这就像在电视上经常见到的国家领导人或影视明星突然登门造访，有哪位家庭主妇不一瞬间呼吸急促、为之激动兴奋?

今天想起来，那几天孩子的心智一定获得突飞猛进的发展。从下午四点到夜里十一点，他的嘴一直唠叨个不停，从嘴里溜出的一些语言也让人吃惊。比如，傍晚到堂兄家小坐，临出门，这小家伙竟煞有介事地说：“大娘大伯快回去吧，天冷啦！”这句话从没有人教过他。如果不是学会了有所思索地利用自己的语言，一个不到两岁的娃娃怎能说出如此成熟的话?

单有这一句话的出现，就足以证明这次故乡之行具有无限的价值。智慧之门需要一次次具有撞击力的事件打开，我相信他现在已经受到了撞击。

☆乡下饭

即使在新年，乡下的饮食也至多和城里日常的饮食标准持平。看着满桌的大鱼大肉，我能体验到亲人的盛情，但我却吃不出什么味道。因为农村人最拿手的饭还是面汤、面条，至于烹制美味佳肴，这不是他们的技术优势。

第一天，嫂子问我想吃什么，我说做点面条、炒点青菜就行了。她没有听我的意见，依然端上满桌的鱼和肉。在她看来，我这种说法是农村人惯有的客气，怕给别人添麻烦。

但儿子的胃口却很好，究其原因，无非是饭桌上增加了两个狼吞虎咽的小伙伴。乡下小侄一年四季少沾腥荤，得此机会当然要奋力大嚼。而儿子之所以胃口好，无非是相互竞争给他带来了巨大的食欲。每当他嘴里停下来，我就会说："再不吃，哥哥就吃完了。"马上，他就继续努力"消费"了，直到打起饱嗝，肚儿圆圆。

由此我想，如果我养两个孩子，一定不会为他们吃饭发愁，因为吃饭的动力也离不开竞争。

当然，乡下人做饭也自有独到之处。他们用木柴煨出的羊肉汤滋润鲜美，羊肉也绝不会有城里那种半生不熟的味道。常言道："文火煨肥羊。"这就是乡下人用木柴煮肉和城里人用天然气或烤箱的本质区别。在这里，孩子也喝了他过去从来不喝的羊肉汤，而且喝得满身热气，脸蛋红红，咀嚼吞咽时快乐得哼哼有声。

☆城市之光

小时候，我总爱在繁星点点的夜晚，独坐村头，向西南方眺望。我的周围是静寂漆黑的暗夜，而遥远的西南方却总是闪着照亮半个天空的亮光。

后来，我渐渐知道，那里有一座城市。

再后来，我随父亲去过那城市几次。高高的楼房、笔直的街道、熙攘的人流、亮丽的服装，深深地吸引了我。当时我想，能在这城里生活多好啊。

离开乡村，走向那没有暗夜的城市，这个念头几乎主宰了我童年的梦。我知道那是一个更美好的世界，只有在那里，才会有一个如诗如画的未来。

今天，我已走过无数座城市，并在那座比故乡之城大无数倍的城市拥有了自己的住房、工作和妻儿。但是，我仍然渴望走向更加遥远的世界，渴望有光的指引和召唤，并最终融入那愈加遥远的光之都城。

但是，人生亦有涯而世界无涯。人到中年，我越来越意识到生命和职业强加给自己的局限性，时常感到精力不济，开始无数次原谅自己的懒惰。生存的压力一次次使我忘记理想，沉溺于现实的稻粱之谋中。总之，我感到，少年时期关于光的梦幻正一步步离我而去了。

在这个时候，我时时感到人生的苍凉，由此也更希望孩子能早一点发现属于他自己的梦想之城。所以，我有意识地教他认识星星、月亮以及一切遥远的存在，我希望他能拥有更遥远的世界，在我生命的终极处，更快地向着新的光域前行。

有人说，生命的延续会经历“三代之衰”式的耗散过程：祖辈创业，父辈守业，孙辈败业。我想，在我与孩子之间，是不会存在这种创、守、败的承续关系的。作为城里的一介平民，我的孩子能败我的什么业呢？即便他变卖了我的几千册藏书，又能怎么样呢？

当然，无业可守，也无业可败，这并不意味着守着这个最后的底线可以高枕无忧。说实在话，我从不害怕贫穷，我最害怕的是做人做事的平庸。如果培养出的孩子没有理想、没有志向，甘愿沉入这个生活的大酱缸，我想自己的一切努力也就白白浪费了。

所以，今天，作为一个称职的父亲，除了满足孩子的吃喝玩之外，更要帮助他树立远大的理想和志向。如果他懦弱，就要锻炼他刚强；如果他庸俗，就要设法让他高尚；如果他总是温柔如猫、怯懦如鼠，总是像小猪一样安于现状、像小狗一样伏卧在主人身旁，就应该毫不客气地逼他上路，让他自己到远方去闯闯。

光存在于远方，它是人生梦想的伟大隐喻。在今天这个故乡之夜，我又站在父辈的庭院里眺望西南，只是不知道今天的乡村小童，是否有我当年的感怀呢？

生存的至美，存在于对无限世界的眺望中。总有一天，孩子会懂得其中的含义的。

☆临时主张

按照预定计划，我们大年初一返城，一是考虑火车上的旅客较少，二是正月初二要到丈母娘家走亲戚。

携妇将雏，坐机动三轮车半个钟头到达商丘市。归心似箭，我们直奔火车站。

令人惊讶的是，这座故乡的古城虽然贫穷，但过年的气氛却比我所居住的省城热闹。街市上人头攒动，反衬着省城的冷清，花花绿绿的春联、彩旗、彩球以及大红大绿的姑娘，反衬着省城的灰色、沉静和冰冷。是的，时值春节，不管是黄世仁还是杨白劳都要过年，黄世仁为有人欠债而满肚子不高兴，杨白劳为无钱还账而忧心忡忡。但我相信，如果不发生除夕之夜上门逼债的事情，杨白劳一定会高兴一些。这是因为，富人只会算计他们的金钱是否增值，除了财富，他们鄙视一切“不务正业”的快乐，而穷人则更容易及时行乐，希望借过年忘掉烦恼，并表达对来年的美好憧憬。

这大概就是大年初一，故乡的热闹与省城的无聊形成鲜明对比的原因吧！

面对此情此景，最高兴的是孩子，被孩子感染的是妻子。最后我们决定，放弃上午十点就动身的计划，在市区逛一逛，到傍晚再坐火车返家。

突然置身于这座古城陌生的人流中，一切都让人感到新鲜。谁也不知道我们是谁，谁也不知道我们为什么要滞留在这里，我们因为守护着这个秘密而生出莫名的兴奋。过去，我与妻子，就如同执政党与在野党，任何统一行动都要经过一番斗争，但今天，无言的默契与一致让人感动。

☆节日里的侯方域

商丘是一座历史厚重的城市。这里曾是商朝始祖阏伯的居地、商朝的都城、庄周的故乡、汉魏六朝文人笔下的梁园。再后来，唐朝的张巡、许远在这里打过惨烈的保卫战，宋代的理学家建立过著名的睢阳书院，风流才子侯方域与李香君经历过让人叹惋的缠绵。我的孩子不了解这些，他只会面对这古香古色的街道和陌生的人流感到惊奇，只会对妻子身边不断炸响的摔炮兴致盎然。

但是，我还是想带孩子去访访古。他虽然什么也不懂，但能让他感觉一下那历史性建筑形成的氛围也是好的。

首先是侯方域故居。这里冷清得不见人影。我们买了门票进去，守门的青年煞是殷勤，他打开所有的房门让我们参观。侯方域的书房里摆着几尊蜡像，这对可怜的情人大年初一依然在磨砚赋诗，不知道他们是否会因为无人到访而感到几分寂寞惆怅。

古人的心事无法猜度，我只是为这故居中的宁静而深深感动，也为我们一家三口可以独享这份宁静而深感不虚此行。

孩子不知道这个老宅曾经演绎过什么古老的故事，但有一点又是肯定的，他不再大呼小叫、张牙舞爪，只是满眼好奇地打量周围的一切。显然，他好动的天性被周围的沉静慑服了。

☆逛庙会

离开了侯方域故居，我们来到阏伯台。与侯府里让人心颤的宁静相比，乡下的庙会此时正在这里闹得起劲。

套圈的、耍猴的、玩马戏的、卖糖葫芦的、卖棉花糖的、卖甘蔗的、卖凉皮粉皮的，甚至围起一个帐篷搞杂技表演的，使这里异常热闹。搭肩扯手的乡下姑娘，在熙熙攘攘的人流中闪出几分村野的亮丽；三五成群的乡下少年，在追打叫闹中展示着他们的活力。

此情此景，明显也使儿子从侯府的沉寂中“活”了过来，他看中了很多东西让大人去买，甚至要将耍猴艺人手中的一只小猴子买下来，而我则让他骑在脖子上，摆出乡下人逛庙会的独特造型。

庙会，顾名思义，是围绕某个小庙形成的集会。由此，对乡下人来讲，逛庙会也就有了必不可少的两大任务，一个是在集市上看人，另一个是到庙里拜神。阏伯台是一个高丘，高丘上的庙宇供奉着一些非佛非道、又亦佛亦道的各路神灵，但主神只有一个，就是商朝的先祖阏伯。

阏伯是帝喾之子，被他的父亲封在商丘做火正，负责管理火种，所以被后人尊称为火神。对于这些亦虚亦实的历史，我想，当地老百姓是不会太关心的，他们只是见神就叩头，见庙就烧香，图个心里的踏实和来年的吉利而已。我的孩子更不会关心，他还没有历史感，或者说他现在的历史感仅止于父母。至于怎样一步步从父母上溯到祖辈，再经过数百代推到这位文明早期的火正，他还有漫长的路要走。

阏伯台上，香客忙着叩头，卖香的忙着数钱，坐在墙角的卦仙儿看着拥挤的人流，希望有人向他问问命运、求个前程。也许是这里的主神做火正的缘故，阏伯台上香火很旺，按照当地的风俗，人们不但烧香，而且烧纸，直要将不大的高台烧成一个红彤彤的火球。这种烟熏火燎的状况确实更有过年的味道，但眼睛和鼻子确实有点受不了。所以在台上站了一会儿，我就带上已开始哭闹的孩子赶快逃。

下午五点赶到火车站，孩子在火车的行进声中沉沉睡去。回顾这次故乡之旅，感觉收获颇丰。别的不说，它让孩子了解了天空之外还有天空，世界之外还有世界，而且每走出一步，这天空和世界就会展示出别样的精彩。

☆压岁与钱

过年，照例要给孩子们发压岁钱。长辈拿着一张崭新的百元大钞在手里招摇，说："快磕头，磕个头就给你！"孩子就或笨拙或麻利地跪倒，十分投入地磕过去，随之钞票到手。

起初，我对这种节日习俗十分反感：怎么能让孩子小小年纪就沾染上一身铜臭气？但事实证明，我对此是没有多大抵抗能力的。不收别人的钱，显得别人没面子，不给别人家孩子压岁钱，又显得太不懂道理，所以还是入乡随俗，听之任之吧。

春节压岁，只不过是一种成人与孩子之间的游戏，任何人想靠此小赚一笔都是不可能的。所有的压岁钱都是给孩子的，孩子似乎是这个游戏的唯一受益者。但事实也并非如此。他们为叩头忙得不亦乐乎，一瞬间赚了个盆满钵满，但那花花绿绿的钞票还没暖热他们的小兜兜，就被父母们毫不客气地劫走了。

新闻媒介反复提倡，过节应该多给孩子一些精神食粮，比如给孩子买一套书或一件益智玩具。但是我想，你这样要求自己可以，要求亲属、朋友就显得不近情理。大家在过节期间都忙得很，让别人为你的孩子跑一趟书店或玩具店只会徒增麻烦，况且买了书或玩具也不一定能讨孩子的欢心。因此想来想去，能代替压岁钱的东西还真是不多。这种方式虽然缺乏创意，但十分便捷简单。

让人惊奇的是，不知是父辈的遗传还是别的原因，我的孩子竟十分爱钱。过年期间，他十分投入地磕头，每个动作都有板有眼，十分到位。当亲属、朋友将压岁钱塞到他的小兜兜里时，他总是十分兴奋地取出来，然后高举着走到我的面前说："爸爸，给你钱！"语气里透着几分骄傲和自豪。

大年初一的晚上，妻子也往儿子兜里装了一百元钱，作为对他一年来良好表现的奖励，并充满感情地说了一些祝福的话。夜里，孩子就搂着这一百元钱入睡了。第二天早上，我和妻子正睡眼惺忪，就听见孩子在枕边带着哭腔喊道："妈妈，我的钱呢？我的钱跑哪儿去啦？"

睁开眼睛，发现这小东西正弓着背，在被窝里摸索、寻找着什么。

☆所思在远道

过了正月初八，妻子到南方出差，时值寒假，我正好有时间带孩子。

原来设想妻子离开，会有一场生离死别的大哀伤场面出现，并会在以后的数天延续这种哀伤，但一切平静如常。

妻子清晨出发时，孩子正在酣睡。她的高跟鞋在楼道里“叮叮当当”地响，没有激起孩子的任何反应。此后，他无数次地醒来睡去，从没有将“妈妈”当成企求的对象。相反，吃饭、睡觉、玩耍都比过去更听话，撒娇、摸妈妈“咪咪”等诸如此类的事情，似乎也变得少了。

我大松了一口气，为孩子的成熟深感欣慰。但在释然之余，又觉得这小东西未免太无情无义了。于是有时候，我会故意问他：“喂，妈妈呢？”他平静而一本正经地回答：“妈妈上班去了！”

在一个人的童年生活中，分离应该给他留下一些凄美的诗情记忆，就好像成年人无数次在诗中咏叹离别一样。所以，我认为自己有责任引导他体验这种人生的况味，哪怕引起他的哭声，也在所不惜。

正巧，今天上午在公园，儿子好像忽然忘记了周围的一切，愣着神问：“爸，妈妈去哪儿啦？”这时，正好有一架飞机经过公园的上空向南飞去，我说：“看，妈妈坐飞机走啦！”

儿子目送飞机消失在远方，嘴撇了几下，终于大哭道：“我要妈妈！我要妈妈！”

☆月亮妈妈

夜里，一轮皓月高悬夜空，不由使人生发无限幽情。抱着孩子站在阳台上，周围一片寂静。如水的月光掠过衣襟，洒了满地，今夜，它似乎要将人的心灵全部打湿。

“妈妈呢？”我问道。

“妈妈坐飞机走啦！”儿子回答。

“妈妈坐飞机到哪儿啦？”

“……”儿子一脸茫然。

我说：“你看，飞机越飞越高啊，它飞啊飞啊，最后就将妈妈带到月亮上去了。你看那月亮，里面有妈妈吗？”

儿子认真地凝视天空，从月亮里搜寻妈妈的踪迹。然后他回过头来说，月亮里有妈妈，他看到了，之后又表现出想哭的神情。

夜里九点，儿子依然在玩他心爱的积木，而我则拿着一本书在一边闲看。突然，他拉着我的衣襟，非让我随他到阳台去。

噢，他是要到阳台上看月亮，那里的一棵大树下，有他的妈妈。

☆新鞋子旧鞋子

春节过后，天气渐渐暖和起来。

我和妻子一起整理房间，把冬天的衣物放进衣柜，把春天的衣服拿出来，于是蓦然发现，儿子竟有十双过冬的鞋。

四双棉布鞋是故乡的亲友手工做的，四双皮鞋是妻子买的，另外两双却早已忘记了它们的来处。

面对这一大堆童鞋，我不禁直皱眉头。孩子的脚丫每时每刻都在疯长，到八个月后的下一个冬天，这些东西注定要变成废物。

父母对孩子的爱有很大的盲目性和随机性，出差或外出闲逛，不时会买进一些廉价又可以表示爱心的小东西。于是，小裤子、小棉袄、小鞋子越积越多，成了不断过时而又扔之可惜的生活垃圾。

我抱怨地对妻子说："过去说过多少次，不让你给孩子买鞋，你偏不听。你看，现在怎么办？"

妻子没有正面回答我的责难，而是对孩子嬉皮笑脸地说："宝贝，再给你生个小弟弟吧！"

为鞋子的再次利用而再生一个孩子，当然是无稽之谈。将这些旧鞋送人也于理不通。看来选择只有两个，让它们继续无谓地占据室内空间或者将它们扔进垃圾桶。

傍晚读报，看到菲律宾前总统马科斯夫人的一些轶事，这个奢华的女人据说有三千多双世界名鞋，她的一个房间，几乎是一座世界鞋业博物馆。与她相比，我孩子的鞋明显少多了。

但是，在她和我的孩子之外，这个世界上还不知道有多少人买不起鞋子，有些人买得起鞋子，可能又穿不起袜子。昨天，我就见到一位收废品的人，他和他孩子的脚上，分明就没有穿袜子。

同样是脚，为什么会受到不同的待遇？马科斯夫人的脚也会出汗，难道她果真像鲁迅先生说的那样，出的是香汗吗？

我痛恨这个世界的不公正，但作为一介书生，我却没有能力对此做出任何改变。也许唯一能做的就是和妻子谈谈，如何让孩子自幼学会节俭。

☆电视保姆

许多时候，我们会被自己的孩子纠缠得心烦透顶。天长日久，衰老也就在这种身与心的双重折磨中不期而至。

如果不信，就请想一想自己曾有的亮丽和潇洒，再看一看当下苍白的脸、无奈的笑，以及满脸的胡子茬、衣服上的饭粒儿……

想想孩子也够可怜，他自由的天性要求融入无限广袤的外部世界，却被囚在居室里。他希望全世界的人都和他成为好朋友，希望与所有的人交流、沟通，但除了父母、玩具，他注定要面对狭窄的室内空间和雪白的墙壁。

在这种背景下，电视凸显了其重要性。那画面上的人物、五彩缤纷的世界，虽然只是由声和光生成的虚假的幻象，但它毕竟为每一个被幽闭的心灵打开了一扇光明的窗。

几乎所有的幼教专家都谆谆教导我们，不要让电视机当孩子的保姆，我却感到这种告诫太缺乏现实的可行性。当你心急火燎地忙家务、忙工作，这时，你让孩子去看电视，至少比以下四种选择要好：（1）气急败坏地大叫“滚开”；（2）让孩子面对墙壁发呆；（3）任其哭闹，充耳不闻；（4）弄点安眠药，让他睡觉。

孩子对父母的纠缠是无止境的，你夜以继日地陪他玩，他也不会厌烦。但为人父母，在无限的重复中却往往容易失去好心情。是的，今天、明天、后天都在复述大灰狼、大火车、小花猫的故事，对人的耐心确实是一种极限性的考验。在这种背景下，电视的存在就是重要的，它每天都在变换花样，成人上瘾，小孩爱看。尤其重要的是，将孩子交给电视，我们就有了宝贵的时间可以喘口气，享受一下“偷得浮生半日闲”的美妙感觉。

当然，我这里谈让孩子看电视的好处，并不是有意忽视幼教专家的提醒，并携孩子与其对着干。相反，他们对幼儿看电视时间每次不要超过十分钟的忠告，对电视画面幻象本质的认识，都极具参考价值。

那么，既要让孩子看电视，又要尽量避免产生负面影响，我们应该怎么办呢？下面是我的几点认识：

(1) 如果有更好的保姆，电视机当然可以不当保姆。否则，电视就是必要的辅助。

(2) 和孩子一起看看电视，不失为一件乐事。孩子也可以借此增长见识。

(3) 让孩子少看电视，父母首先要摆脱对电视的心理依赖，否则就显得像酒鬼宣传禁酒一样虚伪。

(4) 千万要防止孩子因看电视过多而面部神经抽搐、视力下降，变成近视眼或眨巴眼。

(5) 当色情、暴力镜头出现时，最好用手将孩子的眼睛捂起来，以免他过早接受精神污染。

☆随孩子"弱智"

当孩子有一点超常表现时，我们总爱说："小家伙，真聪明！"

其实，再聪明的黄口小儿也比不上他的父母。套用一句俗话：父母吃过的盐比孩子吃过的面多，父母走过的桥比孩子走过的路多。

这种距离常常使成年人陷入困境。比如，孩子喜欢你跟他一起学狗走路、玩过家家，喜欢你一遍又一遍地讲小白兔找妈妈的故事，而且每重复一遍就会给他带来极大的心理满足。

长此以往，你会惊讶地发现自己似乎随孩子变得"弱智"了。比如，语言方式越来越单调，行为方式越来越幼稚，大脑也越来越由复杂趋于简单。

有时候，我们会为孩子的缺乏长进而焦虑烦恼，更会为自己行为和语言的日益幼稚而自感荒唐。但是，这种幼稚也使人有机会放松一下，因为在成人的社会里，繁重的脑力劳动和复杂的人际关系，常常搞得人心力交瘁、神经紧绷。

记得郑板桥说过一句名言，大意是，聪明难，由聪明入糊涂更难。就与幼儿沟通而言，随幼儿"弱智"也不是一件十分容易的事。比如，故事中的小白兔需要小嘴唇"豁豁"地动，你能模仿得惟妙惟肖吗？孩子会突然问你天上为什么有星星、人为什么要尿尿，你能够摆脱一系列科学术语，讲得通俗易懂并让孩子感兴趣吗？

我们经常看到许多著作等身的大学者，他们面对孩子的提问也常常哑口无言、束手无策。

由此看来，随孩子“弱智”也是一门大学问。没有一颗童心，没有对幼儿心理的理解和洞察，想“弱智”也是十分困难的。

但是，从本质意义上讲，我相信许多人都有向“弱智”回归的渴望。东西方许多哲学大师都十分推崇婴儿的心智和生存状态，因为在日益复杂的社会关系中，婴儿预示着一种生存的本真和简单。在日常生活中，我们也常常感叹傻子的幸福，羡慕幼儿无忧无虑的快乐，这明显预示聪明和智慧具有给人增加烦恼的性质。

所以，在人生的中途，能有机会随儿童“弱智”，不失为一种美好的人生体验。

☆不知廉耻

幼儿没有羞耻心和道德感。

比如放屁，在大庭广众之下，假如成年人的臀部不慎发出了声音，他会为之面红耳赤，自感无地自容。而幼儿听到臀部发出奇异的声音，他会大声宣告："我放屁啦，我放屁啦！"

再比如，面对自己的心爱之物，成人即使内心一百个不愿意，也会碍于情面，非常大度地赠人。而幼儿则总是拼命也要守护自己的宠物，生怕让别人夺去。有时候，即使他早就玩腻了，但假如别的小朋友要拿去，他也会一边哭泣一边大叫："不让！"

显然，这时的幼儿还处于廉耻与道德的真空状态，他遵从的唯一规则就是无法无天、率性而行。

随着年龄的增长，他会变得彬彬有礼、含蓄内敛。他不会再当众展示他的小鸡鸡，也不再表现出赤裸裸的自私。

这时，我们会由衷地夸奖："啊，真是个懂事的好孩子！"但是，我们也会由衷地感到，孩子没有原来可爱了。

直到有一天，他们终于有机会体验道德强加给人的精神重负，并深感守护着心照不宣的谎言是多么虚伪，又多么无奈，这时，他们将会珍视不知廉耻的价值。

☆建设性关怀

没有人不关心自己的孩子，但富有建设性的关怀不容易做到。

孩子上街，他一遍又一遍地乞求父母抱一抱。逛商场时，他哭着要买下他喜欢的一切。他的无助和哀伤一次次地感染着我们，我们也一次次用自己的屈服给他带来全方位的满足。

同时，我们从此也被一种深深的忧虑攫住，我们怕他变成一个事事依赖父母的可怜虫，变成一个只知挥霍而不知珍惜的废物。

幼教专家一次次提醒我们，要学会向孩子说“不”，但这个“不”字说起来却如此艰难。无数次，理性所要拒绝的而情感却偏要接受，于是，一个幼儿设定的由乞怜、哀告编织的骗局，屡试不爽地使父母成为俘虏。

但是，为了孩子学会独立，拥有健全的人格，我们有时必须硬起心肠来。这种硬心肠就像树木结果必须预先修剪枝条。如果任其疯长，只会导致“虽曰爱之，其实害之”的后果。

昨天，儿子摔倒在地上，他哀哀地哭泣着，希望得到我的抚慰和搀扶。我说：“你自己爬起来。”他哼哼唧唧地说：“我……我不会。”

“那你就一直躺着吧！”我说完后，不再理他。

一分钟后，他自觉无趣，慢慢地爬起来，并拍拍身上的泥土。

☆后脑勺

1984年6月2日，法国思想家福柯突然晕倒在厨房里，后脑被磕破，25天后死于萨尔佩特利耶尔医院。

读着福柯传记的最后一章，我突然想到了自己的孩子。从出生到现在，他的后脑勺已被磕过四次，第一次是夜里睡觉从床上翻了下去，后三次是滑倒或绊倒，摔在大理石地砖上。

虽然摔的方式有所不同，但结局是一样的。“嘭”的一声巨响，声音沉闷而干脆，就像西瓜掉在水泥地上。然后，铺张扬厉的号啕大哭开始了。

从他第一次摔倒，我就被一种恐惧攫住：“我的天，不会出大问题吧！”此后，当他涉足危险地带或做出一些非常规动作，我的心就提到了嗓子眼儿，随时准备施以援手。

有时，我甚至产生了幻听。他后脑勺与地砖的撞击声如同耳际的风暴，时不时会在耳边鸣响。

后脑勺是人体的危险区域。在当代这个以智力相竞争的时代，孩子断了一条腿，也强过摔成一个白痴或精神病人。当然，如果出现了福柯式的悲剧，那就更糟了。

为了保护孩子的后脑勺，我曾设想让他一年四季都戴上棉帽，但又觉得太过分。我也想过将满屋子都铺上地毯，但屋外的水泥地怎么办呢？

由此不禁让人回忆起童年的乡村。是的，还是农村好啊，屋里屋外的泥土地虽然脏了些，但摔下去软软的，而且防滑。与此相比，摔在城里的石头地砖或水泥地上，确实太危险。

但是，我们又不可能为此将孩子送回农村。当初，为了逃避饥饿和贫穷的梦魇，我们走向城市，哪里还有什么返乡的路？

确实，与对饥饿的恐惧相比，后脑勺似乎变得不再重要了。

☆没有理由不优秀

最近看一份关于传销的材料，其中很多段落颇具煽动性。比如上面讲，世上每个人都没有理由不优秀——“因为你爸妈怀你时，你是千万个精子中第一个冲过那‘隧道’的胜利者”。

这确实是一种让人震撼的惊人之语。虽然我们每个人在现实中如此平庸，但我们无疑拥有优秀的潜能，或天生具有成为优秀人物的可能性。

仔细一想，这句话无疑又是对我们每个人的父母和自己的嘲讽。你在出生之前就获得过长跑冠军，但随着时间的推移，你怎么一天天变得平庸了呢？是父母没有尽到责任，是社会没有提供成长发展的空间，还是因为自己懒惰而与成功擦肩而过了呢？

在历史上，无数英雄因壮志未酬而引后人扼腕长叹。“出师未捷身先死，长使英雄泪满襟。”社会的不公正，使自我实现之路荆棘丛生。这里，我们哀叹英雄的命运，也包含着对自身不幸的无奈认同。

因此，我们无数次提醒自己：我这一辈子算完了，但我要竭尽所能，让我的孩子优秀起来，否则，生儿如我，这日子过得还有什么希望。

在对后代成功的无限期许中，我们一方面抚平了内心的创痛和沮丧，但另一方面又开始为孩子的成长变得焦虑、寝食不安，因为孩子成为我们未来的事业。为此，我们约束孩子的不健康行为，买来无数的幼教书籍探求育儿秘诀。至于将来向孩子的老师谄媚，陪孩子做作业，尝试各种辅导班发现孩子的天赋，更成为必做的功课。

我没考上大学，希望孩子替我去圆大学梦；我考上了大学，希望孩子代表我出国留学。至于这小东西将来到底能成龙还是成虫，我们似乎还来不及思考，也不愿去思考。

当然，拥有一个优秀的孩子是极其幸福的事情，这种幸福甚至大于自己的成功。曾经有一个古代故事讲，身为举人的老爷子生了一个败家的花花公子，但这花花公子却养出了一个做状元的儿子。有一天，一家人在一起吃饭，老爷子对自己的儿子侧目而视，对孙子却表现得疼爱有加。儿子大为不满，他训斥老爷子道："老爸，你凭什么小瞧我？你的儿子比我的儿子差远啦！"

这真是一个绝妙的反击。有时候，孩子的成功能使我们一生的压抑和自卑一扫而空。

☆微笑

孩子是哭泣着来到这个世界的，他哭泣的真正原因，我们无从知道。

我们不希望他哭泣，哭泣在我们这个世界代表人生的不幸和哀伤。所以自孩子出生，我们就在他睁开眼的那一瞬间，开始对他微笑，然后开始逗他笑一笑、再笑一笑。

孩子终于笑了，他理解我们面部传递的饱含亲情的信息，我们也借此完成了和一个柔弱生命的第一次沟通。

在孩子成长的过程中，我多次借用微笑营造一种和谐的氛围。每一个微笑里，都包含着父子之间的会心，也蕴含着只有两人才明了的某种秘密。

微笑时，周围一片静谧，只有暖洋洋的日光透过窗台，照在墨绿色的地毯上。这里，微笑像阳光一样，显示出一种暖暖的色调。

一本非常有意思的书介绍，当人微笑时，他的脸部肌肉收缩。这种收缩减少了附近血管的血流量，使血液变凉，从而降低了脑部血管的温度，触发血清素产生。

血清素是人体内的一种好东西，它能够影响体温、血压、消化、睡眠等许多身体机能，能够抑制血液向大脑过分涌入，从而有助于孩子缓解各种压力。

由此看来，微笑不仅能传递好心情，而且还具有生理调适功能。我们因微笑而拥有更多的血清素，并因血清素的丰富而拥有一个更加美好的人生。

☆ 自由与规训

做了一件坏事，孩子不会为之羞耻，也不会感到内疚。他不明白你讲的道理，即使明白，他也不会想办法改正。

于是，他坦然地做着坏事。他对你的说教无动于衷，他为你的暴跳如雷高兴得手舞足蹈。

多少次，我们从幼教书籍中讨教应对之法，几乎所有的作者都告诉我们，顽劣是孩子的天性，不管怎样，千万不能打孩子，因为这会造成亲子之间的不信任，孩子甚至因对父母的恐惧而产生心理障碍，感到整个世界都抛弃了他。

我相信，今天对孩子比较宽容的教育方法，甚至在某种程度上对幼儿持纵容态度的教育理念，是和近代以来追求人性解放的潮流密切相关的。在这一时代，思想的任务不是建设，而是批判；不是守成，而是反省。哲学家指斥一切文明规则的非合理性，认为一切既成的道德原则在本质上都是反人性的、反自由的、虚伪的。由此，对孩子的道德教育让位给审美教育，规则教育让位给自由教育，个体的价值得到了前所未有的提倡和尊重。

在这种背景下，幼儿教育的一个基本原则就是自由教育，以及与此相关的创造能力的培养。每当我们想对幼儿说“不”，或者试图对他们的顽劣行为动粗的时候，一种质疑的声音就会在我们的耳边响起：你想让你的孩子在压抑中失去个性吗？你想让孩子在对父母意志的一味顺从中循规蹈矩而丧失创造的潜能吗？你想让孩子因对父母的恐惧而说谎，变成一个口是心非的伪君子吗？假如你不愿意接受这种结果，就请节制你的愤怒，收起你开始在孩子面前摇晃的巴掌。

这种自由教育的观念，自五四新文化运动开始传入中国，与中国追求父严子孝的旧式教育形成尖锐的对立。我们厌倦自身遭受的思想的规训和棍棒的强制，希望孩子能拥有一个快乐的童年。有人说：“即使我的孩子将来一事无成，我也不会像傅雷那样近乎残忍地对待孩子。”这种论调，在当代得到了广泛的支持和同情。

是的，现在大部分夫妇只生一个孩子，可能我们要和孩子在同一屋檐下相伴终生。我今天打他，他必然恨我。等我老了，假如他一看到我就两眼仇视，甚至动粗向我报复，那我的晚年可就惨了。

有种种理论支持给予孩子自由，有种种顾虑使我们不得不对孩子的顽劣保持克制。但是我认为，对待孩子，适度的惩戒还是必要的，尤其在他们不知羞耻、不辨善恶的年龄。我相信，人之为人，还是需要一些规则的，否则成年的孩子将远离人性而亲近兽性。

所以，关于幼儿教育，我觉得新式的自由教育和旧式的规则教育应该是互补的。中国是个礼仪之邦，要求做人要讲温良恭俭让。如果我们按西式的教育方法对孩子过于放纵，必然和中国的现实状况无法兼容，这样，将来他必然要碰壁、要吃亏。也就是说，无论是基于教育观念上纠偏的考虑，还是为孩子将来必然生活在中国这个有独特文化传统的国家而考虑，我们都必须对自由教育的负面效应保持警惕。

☆巴掌摇晃

前一段时间，儿子往地毯上尿尿几乎成瘾，我忍无可忍，终于用巴掌朝他的屁股揍了几下。一瞬间，他可能感到我如此陌生，又如此狰狞。不过，从那时到现在，他再也没有尿过地毯。

巴掌的效果简单明了而又立竿见影，它是对父母权威的一种证明。但是，应该注意，抡巴掌有时是会上瘾的，尤其是对弱小而没有反抗能力的生命。也许，我们在第一次打孩子之后，再打起孩子来就会感到心安理得、轻而易举。至于"再捣蛋，就打你屁股"，更成了许多父母的口头禅。

经常的巴掌威慑，是一种危险的习惯，我们会因此由对孩子的放纵走向施行暴力的新极端。从封建家庭走出来的人，大多憎恨自己的父亲，即便成年后理解了父亲棍棒教育的苦心，也无法再从情感上对这个曾经滥施淫威的"暴君"保持亲近。有一天，等他有了足够的力量，他甚至会夺去你的棍棒，拧断你的巴掌，这种用暴力反抗暴力的方式，确实是一种让人心寒的糟糕状况。

☆对孩子讲诚信

孩子的欲望是无止境的，你将一个地球放在他嘴边，他也会坦然地吞下。

欲望满足与否决定着孩子的哭与笑。我们将他的笑当成人生莫大的慰藉，将他的哭当作人生最致命的烦恼，所以，我们的许多努力无非是通过满足其欲望，让他笑多哭少。

但是，要做到这一点确实是十分困难的事情。比如，他深更半夜吵着要吃糖，而这时商店早关了门，你怎么办？更多的时候，你带他走进商店，他见什么都吵着要买，而你并没有这种承受能力，也不愿助长孩子高消费的恶习，又将怎么办呢？

这时，我们会说："不准吃糖糖，糖糖里的虫虫会咬你。""不准买车车，车车会撞你的小屁屁。"我们或者说："别哭，明天爸爸一定给你买糖糖，后天一定给你买一个比这更大的车车。"说这话时，我们言之凿凿，一脸真诚。

但是，许下的这种诺言一般很难兑现。有时候，我们明、后两天实在很忙，于是将这种诺言遗忘；有时候，我们本意并不想给他买车车和糖糖，只是将他的要求用一种暂时的承诺搪塞过去。

总之，为了抑制他的哭声，为了让他脸上闪现灿烂的笑，我们已学会习惯性地说谎。

孩子善于遗忘，我们也确实寄希望于孩子对我们诺言的遗忘。但是，当这诺言一次次地被背弃，问题也就来了。噢，原来父母的话语是缺乏可信度的，原来父母是在一次次地撒谎。

为了让孩子高兴，我也习惯性地欺骗过自己的孩子，而且屡试不爽。但有一天，孩子说："爸爸骗人！"我被大大地震惊了。

我怎么能欺骗一个孩子？我难道希望孩子在谎言里成长？假如将来他在说谎的技巧上青出于蓝而胜于蓝，我将如何收场？

也许有人会说，这不过是一种善意的谎言，可以理解，也可以原谅。但我认为，这不是在为孩子树立说谎的"榜样"吗？假如将来他不幸成了骗子，我们不正是他的启蒙老师吗？

由此不禁使我想起在报纸上读到的一则西方育儿经。一个中国留学生寄宿在一个英国家庭里。有一天，这个留学生说要带房东的孩子去游泳，但自食其言。这对一贯和善的英国夫妇对此很不满意，说："你作为一个成年人，怎么能对一个孩子说谎呢？"

对此，我们也许会嗤之以鼻："这对英国夫妇，真是认真得过了头！"

但是，静下心来，我们还是应该反省自己的错。今天，不管是法庭上的证词，还是街头小贩对伪劣产品不着边际的夸饰，都令我们不能不感到，说谎已成了一种民族性的恶习。

老骗子不经意中培养着小骗子，满世界都包裹着皇帝的新衣，这种人生，确实是十分肮脏的。

☆别让晚晚拿去了

孩子喜欢竞争，尤其和同龄的孩子。当父母出于善意抱起别人家的孩子，或者对别人家的孩子夸上几句，自己的孩子往往就要噘起小嘴，表示抗议了。

出于对竞争失败的恐惧，孩子往往会守护和独占他身边的任何一种东西。这种独占的行为，正是人类自私心理的起源。

我们无数次地谅解甚至赞扬孩子的自私：啊，这么小的孩子就会把家，将来在社会上一定不会吃亏！

但是，我对孩子的这种表现确实不以为然。

比如，邻居家的孩子乳名叫晚晚，每当孩子不好好吃饭时，妻子总说："快吃，再不吃，让晚晚吃了！"

这一招总是十分管用，此话一出，孩子马上狼吞虎咽。后来，晚晚就成了增进孩子食欲的"食品添加剂"。

后来，在孩子的心目中，晚晚作为一个劫掠者或威胁者的功能在进一步扩大。孩子不管是面对自己的食品还是玩具，都会独自喃喃低语："别让晚晚拿去了！"

我感到，孩子对自己心爱之物有着排他性偏爱，任其发展绝不是好事情。他成年后的自私、狭隘、守财奴性格、自我中心主义，都会缘此而起，所以，我明令禁止家人、孩子再说这样的话。有时，我宁愿听到"再不吃，就让猫猫吃了"，也不愿听到"再不吃，就让晚晚吃了"。这是因为，前者毕竟是对物不对人。他成年后对小猫、小狗表现出的自私可以原谅，但对他人的过分自私不可原谅。

当然，我这样做，并不是想让孩子变得穷大方，甚至将来偷父母的钱拿给小朋友挥霍。有限度的自私，有时并不是坏事。但处处自私，以至于深入到生活的每一个方面、每一个细节，那就糟了。

世界上，没有什么比过分自私自利的人更让人瞧不起了。

☆恐惧莫名

晚上散步回家，孩子说要自己爬楼梯，我当然给予热情鼓励。

他爬呀爬呀，到楼梯的拐角处却停了下来。他回头望着我，一脸困惑，掺杂着乞求的神情。噢，这个小懒虫，看来又要让人抱了。

“怎么回事？快爬呀！爸爸不抱。”

“爸爸，我怕！”

“怕什么？”

“我怕那垃圾斗斗。”

我明白了，这楼梯的拐角处有一个倒垃圾的洞。过去，我曾经故作神秘地告诉他，这个洞洞里有只大老虎，并让他从洞口往里望了望。

但是最近，我所在的城市号召垃圾袋装化，各楼层的垃圾洞已全部被封住，那深不可测的大洞已经消失，他怕的又是什么呢？

我仔细一看，终于明白了。原来，在刚被封住并粉刷过的白色墙壁上，依然有一个垃圾洞的轮廓，就如同小孩尿湿被子后留下的暗影。

墙上的暗影有什么可怕，我不以为然地摇摇头，但仔细想想，又不禁对幼儿的心理世界给予深深的同情。是的，对于幼儿，他有上千个理由对这个世界好奇，也有上千个原因对这个世界恐惧。从成人的眼光看，这种恐惧莫名其妙，甚至荒唐可笑，但从幼儿的眼光看，这种恐惧却如此真实地将他击中。

他会为外在事物的巨大力量而恐惧，如火车，他也会害怕晦暗而朦胧的夜景。有时候，成人的一个故事使他满怀恐惧，如黑森林中的狼外婆。这种故事甚至会成为他整个童年时期的心理阴影。

人的恐惧，大部分都来自于对世界的无知和缺乏理解。此外，孩子也会因企求父母的抚慰而故意寻找恐惧的对象和理由。

不管怎样，作为父母，我们有责任帮孩子战胜恐惧。既然孩子的恐惧多缘于对外部世界的无知，我们就应该做出努力，让他加深对周围事物的认识。

他害怕火车，我们不妨让他坐坐火车；他害怕星星会掉下来砸着头，我们也应尽量解释，而暂且不管他懂还是不懂。

今晚，我和孩子在被封的垃圾洞前站了很久。面对那一圈潮湿的暗影，我说："孩子别怕，垃圾洞洞里的老虎已被爸爸打跑了。现在这里只是一块颜色不同的墙。你不信，摸摸看！"

儿子伸出小手，谨慎地摸了一下。然后，他抬头望着我，一本正经地说："爸爸，这是墙！"

我问："你害怕墙吗？"

他直截了当地回答："不怕！"

☆ "你是男子汉！"

在现代家庭，妻子如狼似虎，而丈夫如羊似猫的状况相当普遍。在这样的环境里，要培养男性的阳刚之气是相当困难的。

但我依然抱有希望，希望孩子将来成为一名有品格、有尊严的男子汉。

我不喜欢女人气地、娇滴滴地和孩子说话，更不喜欢用热吻、拥抱抚慰他的哭泣。我觉得，这应该是妻子的事情，我们不应该用同一种方式爱孩子。

在幼年的记忆中，我那深受传统思想熏染的父亲是严厉的，他整天板着脸，不时宣布一条清规戒律。说实在话，我的童年过得相当压抑。对于父亲，我留下了太多畏惧甚至仇恨的记忆。

在读中学之前，我相当恨自己的父亲。但随着年龄的增长，我渐渐领悟到了他所给予我的恩惠。可以说，如果没有他的严加管教，我不可能顺利考上大学；如果没有他规定的各种戒律，我不会有今天严谨的生活方式；如果不是他当初总是命令我一刻不停地干活，我今天也不会养成如此勤勉的工作习惯。

但是，我也感到，这恩惠并没有给我带来心理的健康和幸福。在相当长一段时间内，走出父亲的权力阴影，成了我青年时期最大的愿望。

当自己做了父亲，我首先想到的是不能让自己童年时期的痛苦经历在儿子身上重演，我应该给他创造一个和谐、轻松的生活环境。我不能想象孩子见到我就低眉顺眼、如老鼠见猫的样子，更不能容忍恃强凌弱成为家庭生活的主要氛围。

但是，反过来讲，在孩子成长的过程中，我能原谅他的懒惰和骄横吗？我能容忍他总是脆弱如芦苇、怯懦如女人的个性吗？ 显然不能。 所以，我的鞭策、鼓励、压力一定会伴随着他的成长，即友爱与强制，两手都要抓，两手都要硬。

昨天，孩子跌了一跤，他又一次摇尾乞怜，渴望我的抚慰和搀扶，并一遍遍娇滴滴地呻吟：“疼啊，摔疼啦！”

我无动于衷，铁着脸训斥：“你是男子汉，难道总是要人搀扶吗？”

他不可能明白男子汉是什么意思，但还是一跃站了起来，并自己拍了拍身上的泥土。

也许，他从我加于他的这种崭新命名中，感悟到了一种独有的尊严和力量。

☆共同的生日

两年前的今天，我正焦急地在产房外踱步，等待那鲜活的哭声。我的妻子，也正在产床上度过她的“受难日”。那是绝望与希望、黑暗与光明相叠加的时刻。

两年后的今天，儿子已长成一个壮硕生猛的“小男人”，而我和我的妻子，则让岁月在额头、发际乃至身体的每个部位都留下了日渐走向衰老的印痕。

两年来，我们在深夜向医院狂奔过，我们为这小东西难解的哭声彻夜难眠过，我们体验过携子远游的愉快，也曾从别人的目光中无数次感受到为人父母的荣耀和骄傲。

为了纪念这个值得纪念的日子，我买了一个大大的蛋糕以及蜡烛。晚上八点，我们熄了灯，围着烛光唱起“祝你生日快乐”。

在烛光中，我看到儿子红红的脸蛋和兴奋的神情，我能感受到他此时的惊喜与激动。也许，他并不明白今天这个日子意味着什么，但他明显地热爱这个独特的仪式，喜欢由蛋糕、烛光、歌声、音乐形成的美好气氛。

在这一刻，我想到了自己的童年，也想到了童年的生日。在十岁之前，我是不知道自己的生日的。后来，父亲告诉我了这个日子，但具体出生在哪一年，他却表述得模棱两可。在那样一个交织着疯狂、饥饿和动荡的年代，我的父母正在中国的西部流浪，他们关心的是每天的食物，是怎样将一个弱小的生命养活，至于他们的孩子是哪一年、哪一天生的，这似乎并不重要。

感谢父母，他们还能将我的生日告诉我。从此，我记住了那个属于我自己的日子，不悲哀也不高兴，不庆祝也不遗忘，我一天一天地成长，而那一天成为一个测量生命长度的坐标。

也许是因为这些不太美好的回忆，我一直觉得过生日太矫情。我冷漠地面对自己的几十个生日，有时候也在种种仪式上为亲友的生日而高兴。

但是，对于孩子的生日，我还是动情了。因为他是我的作品，他的生日是我的作品诞生的标志。同时，作为丈夫，我与妻子共同组成一个家庭，我们共同创造了一个生命，多年的痛苦与悲欢在这一日凝聚，在这个凝结点上，我们没有理由不为之激动。

妻子的生日属于她自己，我的生日也是我自己的事情。在相识之前，我们相互陌生。而孩子的生日则是我们共同参与的结果，它有资格成为我们共同的节日被大家庆贺。

在这个特殊的日子里，我也有自己默默的祝福，希望在新的一年，我、妻子、孩子合作得更好。

☆一段对话

“连筷子都不会拿，你真是个小笨蛋！”
“我不是小笨蛋。”
“那你是什么呀？”
“我是……我是一个大笨蛋！”

☆无知乃惊奇之母

没有人比幼儿对世界抱有更强烈的好奇心和认知的渴望，这种好奇和渴望往往激起他们对宇宙、人生的探索热情，并在以后的成长中走向真正的成功。

古代，儿童主要的惊奇对象是广袤的天空。他们对蓝天白云、明月繁星的美妙想象，往往成为他们认识外部自然时空的精神动力，促使他们成为浪漫的诗人和与天地同在的哲学家。于此，人们往往津津乐道于朱熹五岁时就对遥远世界充满好奇，亚里士多德在少年时就写出卓越的哲学论文《论天》。

为了这一点，我曾经在孩子一岁左右有意识地培养他对月亮的好奇心，并希望他有朝一日能对月亮背后的深邃夜空产生认知的好奇。但是，孩子对天空的热情也就止于月亮。他在两岁多的时候开始向父母提出无穷无尽的问题，但几乎没有一个是涉及天空的。

这种情况很让人失望，由此也可以预知我的孩子成不了古典式的哲学家。为什么会这样？是因为城市的摩天大楼破坏了天空视觉上的无限性，或是霓虹灯夺去了星辰的光芒？还是因为大地上的物象具有更强的诱惑？

我想，两种原因都存在，工业文明时代的生存环境塑造着新型的儿童。但对幼儿而言，追问依然会存在。因无知而惊奇，因惊奇而追问，是亘古不变的心路。

☆将世界问倒

我的孩子追问的热情从两岁两个月开始出现，追问的对象大多和街道上飞驰的交通工具有关。有一天，我领着他在街边散步，一辆军事学院的卡车停在了街对面。

“那是什么呀?”他明知故问。

“大卡车。”我回答。

“那是什么大卡车呀?”

“那是绿颜色的大卡车。”

“那是什么绿颜色的大卡车呀?”

“那是解放牌的绿颜色的大卡车。”

“那是什么解放牌的绿颜色的大卡车呀?”

“那是长春第一汽车制造厂生产的解放牌的绿颜色的大卡车。”

“那是……”

到这里，读者诸君已经明白，如果不是联结在一起的词语越来越多，以至于到了一个孩子不可能用记忆、语言复述的地步，他依然会不厌其烦地使一个简单的问题复杂化。照此发展，汽车工厂、工厂里的工人、工人的家庭……会无限制地被连缀在一起。一辆卡车，也许会牵扯出这个世界上的万事万物。

但也不能否认，儿童所提的问题总是简单得可笑，甚至因此让人难以容忍。事实证明，越是简单的问题越容易给我们带来巨大的困扰。对于一辆卡车，成人的认识也大多止于卡车的命名，我们很少注意它更多的细节特征，所以，当孩子问"这是什么大卡车"的时候，我们往往会陷入经验、语言、智力匮乏的窘境。比如，有一次在大街上，孩子看到无轨电车中部拐弯的地方与其他部位不一样，就开始提问"那是什么？"我知道它的外部像是厚厚的帆布，里面是一个供拐弯用的转盘，但用一个简单的词给这一部位命名却让我很犯难。我能说这是电车的腰部吗？当然不能，因为它毕竟不同于直立行走的人常常要弯腰。思索半天，我只好回答这是电车拐弯的地方，但这个回答明显是不能令人满意的。

父母是孩子的第一任老师。即使孩子提出的问题显得十分愚蠢可笑，我们也有责任做出认真的解释。当然，也许正是这些最可笑的、不值一提的问题问住了我们，并显现出我们的知识结构存在不应有的残缺。从这一点来看，孩子何尝不是父母的老师呢？

这种问题无所不在。早晨洗脸时，他问什么是水，你到底如何回答？你能仅仅说是 H_2O 吗？

即便这种回答是可以被接受的，但 H_2O 又是什么？

☆规避险境

人都有逃避危险的本能。比如，阿Q遇到别人飞来的拳头就两手抱头，缩进墙角。动物也一样。比如，猫遇见狗就匆忙上树，老鼠遇见猫就匆忙钻洞。

但今天，我依然被孩子的求生智慧大大震惊了。

吃午饭的时候，他故意将筷子摔在地上，然后抬起脸，观察我的反应。

我果真被激怒了，将脸拉得老长，眼睛露出凶光，举起巴掌恶狠狠地说："再捣蛋，揍你屁股！"

看着我扬起的巴掌，他先是一愣，脸色讪讪，但突然他也举起小手贴近我的巴掌，唱道："你拍一，我拍一，两个小孩坐飞机。"

于是，紧张的空气消散，愤怒的情绪从内部被掏空。面对此情此景，谁还会再打自己的孩子？

显然，孩子用他的智慧化解了危险，赢得了胜利。

有时候，我们成人，何尝不需要一些幽默感来化解矛盾？在这一点上，我们确实有许多东西应向孩子学习。

☆眼镜

许多人在多年的学习过程中眼睛近视了，我有点不同，是大学二年级读小说读成了近视。

从此，眼镜成了永难离开的助手。可是每天睡觉之前，我有乱丢眼镜的恶习，所以，每天早晨四处找眼镜，就成了最让人恼火的事情。

自从孩子能够嚷嚷着在地上行走，我就多了一个帮我寻找眼镜的人。有趣的是，每当我心急火燎地四处乱撞，并大呼"眼镜呢"的时候，孩子总能像变魔术一样将眼镜举到我的面前，并自豪地说："爸爸，给！"

起初，我十分惊讶，孩子怎能这么快发现我要的东西？后来我认定，这可能和他的身高有关。他小小的个头拉近了他和对象之物的距离，而我直直地站立起来，却显得离那放眼镜的地方是如此遥远。

今天晚上，我和孩子一起玩指鼻子游戏，当一方说出鼻子、眼睛、嘴巴、耳朵等面部器官时，另一方要马上将手指指向相应的位置。

妻子说："你把眼镜摘下来。看，儿子说眼睛，你指的却是眼镜。"

我摘下眼镜，孩子却不愿意，他拿起眼镜给我戴上说："爸爸不戴眼镜，多难看呀！"

噢，这小东西很少见我不戴眼镜的形象，所以觉得我戴上眼镜好看。但近十年来，我烦透了眼镜，它不但总是莫名其妙地消失，而且快把我的鼻梁压弯了。

☆广告制造

像许多家庭一样，看电视是我们三口之家打发时间的主要方式。

但哪里有共同爱好，哪里就有趣味差异。哪里有趣味差异，哪里就有矛盾，就有关于趣味主导权的斗争。

最近，围绕观看什么电视节目的争论成为闲暇时间的最大烦恼。我喜欢新闻、纪实等信息量较大的节目，妻子热衷于吵吵嚷嚷的港台电视剧，孩子则钟情于人见人烦的垃圾节目——广告。

过去，我总是认为，孩子对广告的钟爱，不过是欣赏它动感的画面和亮丽的色彩，并没有抱什么消费性的目的，但随着他理解能力的日渐增强，这种状况正在改变。比如，最近由于工作繁忙，我们买了一箱“来一桶”方便面储存在家里，最后吃得舌涩胃翻，看见方便面就恶心。不想这种垃圾食品竟成了孩子餐餐必食的新宠。原因很简单，广告的诱惑起了最重要的作用。

每当我夸张地说：“来一桶吧!”儿子马上会用兴奋的眼神做出回应。

不仅如此，儿子还喜欢娃哈哈、喜之郎、乐百氏、伊利雪糕，而且记住了佳洁士、高露洁、黑妹、蓝天六必治牙膏。他现在正在享用的和将来必将使用的一切，广告已经代他做出了明确的规划。

我相信，孩子这一代将是被广告塑造的一代。广告用精美而优雅的画面向人提示一种值得向往的生活方式和人生格调，好像使用了某种商品，我们就会拥有高贵的身份、高雅的生活。于是，在生活中向广告看齐，就是向时尚看齐，就是超越了日常的平凡，在梦想区域找到了自己。

我相信，广告将主宰孩子们的生活理想，改变他们的生活方式，传统的忠实于个人审美判断的时代必将结束。当我在许多城市，看到一个个男孩女孩像小猪一样狂吞麦当劳、肯德基、德克士，像小牛一样狂饮可口可乐、雪碧、百事可乐时，就更确信这一点。

☆又一次生病经历

这个周末，我在市内参加一个会议。我的妻子走得更远，她飞到了南方的珠海。

于是，孩子在这个不算长的时间内，成了名副其实的孤儿。

周日晚上回家，原以为孩子会神情激动地扑过来，但这个小东西眼神抑郁地在外祖父的家里摇晃，连打个招呼的兴趣都没有。

晚上十点，洗完澡上床，他的神情依然像被长期蹂躏过一样，一点精神都没有。我摸摸他的额头，哦，发烧了！

于是，凌晨两点，我抱起他上医院。这脆弱的小生命，让人内疚，又让人爱怜。在灯光迷离的城市街头，只有他伏在我的肩上，此时，几多人生的悲慨和苍凉，让人禁不住要呻吟出声。

在以后的数天里，家与医院成为我们每天必须丈量的距离。面对白色的输液瓶，他杀猪般号叫，绝望地反抗，眼神哀哀地望着身旁的父母，直到认识到一切抗争和乞求都是徒劳，才带着一脸泪痕沉沉地睡去了。

十天以后，孩子又恢复了往日的活泼好动，但我从此忘不了他因发烧抽搐给我带来的恐惧；忘不了从医院返家的途中，与一场夏日豪雨的遭遇；忘不了一遍遍用湿毛巾擦洗他灼热的身体，满怀焦虑地注视那银色的温度计……

这中间，还有孩子哀哀的哭声、无助的眼神，还有我对医生的信任与怀疑。当然，还有一些不应有的猜测——是否在我离家之时，孩子受到了虐待和冷遇。

不管怎样，这些经历是让人刻骨铭心的，孩子用他的疾病向忽视他存在的父母发出了抗议。而父母所能做的，只能是满怀歉疚地亡羊补牢，在付出大量金钱和精力后，使一切重新走上正轨。

这次生病也使我更深刻地体会了诗人汗漫的《儿子》。兹录于下，代表我此时的心迹——

儿子，这是医院
我在分担你的疼痛和哭泣
手握病历，你的父母如同一棵
十二月的树
握着最后的叶子

护士们白色地走动着
像一场瑞雪
我怀抱着你
为你输液，就像为我自己

处方和药价之间
下着这场雨
青霉素率领的春雨，淅淅沥沥
下了半个夜晚
把我们父子一同打湿

☆愧疚

作为一个成年人，我们对家庭和社会所要承担的责任太多，有限的精力和财力往往不允许我们履行所有的义务、兑现所有的承诺。

于是，愧疚就如期降临。

有了孩子，负疚之情就如一把快刀，开始更加犀利地刺痛我们的心灵，肢解我们的肉体——别人家的孩子坐着汽车从身边呼啸而过，我们的孩子却坐在自行车后座的竹条筐里。一瞬间，我们会十分仇恨那汽车，但随之而来的，是觉得自己的高大形象矮了半截。

更多的愧疚可能来自于工作繁忙或在外游乐忘归的日子。回家之后，我们抱起孩子狂亲，唠叨些自我批评的话，并发誓以后会抽出更多的时间陪孩子。

其实，孩子对我们的唠叨无动于衷，因为他不明白成年人的想法和心理。但是，一种更直接的表达愧疚的方法往往会使孩子欢呼——加倍地花钱，带孩子到游乐场去疯狂，并采购一大批让孩子为之欢呼的食品和玩具。

然后，我们愧疚全无，心理又恢复了平衡。

于是，父母的愧疚，成就了孩子的节日。

☆公牛闯进瓷器店

中午，我在电视里看一位美国的“杰出母亲”聊育儿经。她称那些行事鲁莽笨拙、对儿童心理缺乏洞察力的年轻父亲为“闯进瓷器店里的公牛”。

这真是一个绝妙的比喻。回想孩子刚出生时，面对那鲜活而脆弱的小生命，我们手足无措，并闹出过很多笑话。我们竭力避免碰碎这件宝贵的“瓷器”，但在手忙脚乱中，又有多少次碰撞难以避免。

但慢慢地，我们这些“公牛”学会了细腻，学会了用无限的耐心来克制自己的蛮脾气。

蓦然回首，真不知道昨天那个一动即错的“公牛”到哪里去了。

☆关于空间

夏夜，在林中漫步，斑驳的月光透过树叶泻下一地银白。

我问孩子："是树高，还是月亮高啊?"

孩子抬头看了看说："树高。"

走出树林，一轮皓月摆脱了树枝的纠缠，高悬于深蓝的夜空，与它相伴的只有星星。

我问："现在是月亮高，还是树高啊?"

他看了看身后的树，又抬头看了看天，然后说："月亮高。"

很明显，幼儿的空间，是感性化的空间。它的真实感只属于视觉，而与理性认知无关。

☆记忆训练

最近，孩子的记忆力不时引起大家的惊叹，半年前的一次旅行、一个月前在某条河流听到的蛙鸣，会突然出现在他片片断断的言语中。

有人总把幼儿比喻为一张洁净的白纸，它象征着纯真，也预示着贫乏。但一个开始拥有记忆的孩子，他的心灵就开始渐渐变得有内容，他这张白纸已开始留下墨痕，开始成为一幅美丽的画图。

我一直认为，孩子的记忆力和成人有意识的训练有关。比如，每天临睡之前，我会问他今天干了什么、到过哪里、结识了哪些小朋友、玩了什么玩具……记得有一次到山中旅行，我在一条小溪旁捡了一块小石头给他。很长时间，这块山石成了我们谈话的对象——从山石谈到溪流，从溪流谈到险要的山路、山中遇雨，以及在峰顶看到的山鹰。于是，这块山石作为一个诱因，在孩子的头脑里复活了一个已逝的完整场景。

西方一个哲人说过："在我们的头脑里，存留着一片诗情记忆的区域，它记载下美丽而动人的一切，使我们的生命变得亮丽。"我希望孩子能早一点拥有一个美好的记忆世界，不能像一只闯进玉米地的狗熊一样，将掰下的玉米棒（往昔生活）白白地扔了一地。

当然，这种记忆训练也关乎对未来的筹划。我希望他能在不远的将来，记住那些枯燥的外语单词、数学公式，成为一名优秀的学生。

☆别忘了带钱

我所在的城市有一个广场，名叫绿城广场，这里是孩子们的乐园。

每次去绿城广场，孩子的娱乐项目总有一个固定的顺序。首先花五元钱，赤脚在一个充气的大气囊上上蹿下跳，然后花三元钱坐一圈玩具吉普，最后再花三元钱乘小火车兜几圈风。

一共十一块钱，孩子为之乐不可支，心满意足。父母在一旁，成为最忠实也最快乐的观众。

但是今晚，我们转悠到这个广场时，才想起刚换的衣服的兜里忘了装钱。这小东西刚走过广场的栅栏，就有预谋地引导我和妻子朝那好玩的地方去，我们则千方百计地向他推荐周围风景的妙处。当然，我们的一切努力均告失败。

他围着极想享受的气囊、吉普、小火车转了一圈，讲了一大堆爸爸妈妈今晚没带钱的话，在返回的路上，留下一路哭声。在别人的注目下，我们确实感到脸上无光，内心讪然。

记得过去，我对户外的电动玩具车相当厌恶，拒绝孩子小小年纪就染上乱花钱的毛病。那时我想，要让孩子从小学会勤俭节约、艰苦奋斗。但随着孩子的成长，我渐渐意识到，作为父母，我们无权剥夺孩子的快乐，就如同童年时的我们，父母赶集，还要给我们带个烧饼呢。这不是奢侈，而是孩子应该得到的正当享受。

如果我们残忍地剥夺他喜爱的一切，他将来一定会恨我们的。他可怜巴巴地望着别的孩子尽情玩乐的神态，会让任何冷如铁石的心肠隐隐作痛。

所以，带孩子外出，千万别忘记带钱。

☆大奶奶小奶奶

孩子牙牙学语的时候，我们喜欢用叠音与孩子对话，比如吃糖被说成“吃糖糖”，喝奶被说成“喝奶奶”。

幼教专家一直反对与幼儿说话用叠音，但我认为这是在幼儿成长的特定时期，父母与幼儿沟通的最佳方式。首先，叠音可以创造一种令孩子喜悦的亲切温馨的语言氛围。其次，汉字的发音硬脆有余、柔软不足，叠字使字音具有了音乐感，幼儿喜欢这种如歌的语言。再次，叠字的读法可以使字的发音延长或放缓，有助于幼儿对音义的理解，从而使沟通更有效果。

但是，随着幼儿年龄的增长，我们也必将为他“奶声奶气”的语言方式困扰。大庭广众之下，当一个孩子“恬不知耻”地咧着大嘴，大喊要吃果果、喝奶奶、吃冰棒棒时，他的父母一定会为自己的“教子无方”感到羞耻——这样娇气的孩子，别人会投以鄙夷的目光吗？

我的孩子就是在这种叠音的语境中认识汉语的。有意思的是，这中间也有他小小的发明。

记得年初的一个夜晚，妻子为孩子冲奶粉，这小东西望着奶瓶和奶粉袋子，突然说：“我不喝大奶奶，我喝小奶奶。”

至今我也不明白，这大奶奶、小奶奶到底是指什么样的“奶奶”。但不管怎样，我们不能忽视孩子的要求，否则会引起他相当激烈的抗议。

所以，每当此时，我和妻子就会煞有介事地对孩子说：“看，这就是小奶奶！”

得到这样的答复，儿子显然十分满意，他抱起奶瓶，喝得“叽叽”有声。

☆走出父母的怀抱

孩子很小的时候，父母是他的导师和上帝。每当外出散步，他都会抱紧父母的脖子，对周围的一切怀有不信任和惊奇。

孩子因此显得很乖、很可爱，我们从他的依恋中获得情感慰藉，意识到保护他不受侵犯是我们的神圣责任。

但是，孩子注定会走出父母的怀抱，并渐渐认为父母的存在是他们自由玩乐的累赘。昨天晚上在院子里，我就看到一个六岁左右的男孩往一边推他的妈妈，并说："妈妈，你走吧，走吧！"

显然，妈妈在一旁的监护让他浑身不自在。

我的孩子现在接近两岁半，在这方面已初露端倪。每当看到一群孩子在院子里疯跑，他就两眼放光，义无反顾地奔过去。于是，他有了自己的朋友、伙伴，有了一个父母只能旁观而无法介入的小圈子。

许多次，我认为他处于危险之中。比如，一些大孩子舞枪弄棒，一辆摩托车从他们身边穿过；他们爬上了一个高台，并有大孩子不断跳下，像在为小孩子做示范……

但是，儿子对我的警告充耳不闻，对我的强行干预更是不耐烦。每当晚上十点，我将他从孩子群体中"剥离"出来，那情形真有点生离死别的味道。

显然，随着孩子年龄的增长，父母将渐渐失去对他的影响力。那些孩子们形成的群体将是他新的归属，那像五星上将一般的孩子王将成为他新的偶像。

我们自己小时候就是这样，无数次对父母的命令充耳不闻，但对孩子王却唯命是从，甚至将家里的“好东西”偷偷转移出来，和几个小“铁哥们”分享。

总之，孩子从对父母的“忘恩负义”开始，一步步走入属于他们自己的世界。 面对这种情形，我们应处之泰然，心情平静。

物以类聚，人以群分。 我们常常可以在家庭聚会上看到，男人们围坐一桌神吹胡侃，女人们凑在一起窃窃私语，而孩子们也自动集合起来，不停地奔跑叫闹。

☆“我跑！”

两岁半时的某一天，孩子从他的一帮“狐朋狗友”那里带回了第一句口头禅——“我 ×”。

听着他的发音，我和妻子首先愣在那里，然后愤怒的目光渐渐开始向他的脸部集中。

但是，父母的愤怒不但没有使他收敛，反而给他带来了某种精神激励。他更加兴奋地大叫：“×，我 ×！”

于是，我的巴掌重重地落在他的屁股上。他首先一愣，然后开始撇嘴想哭。再然后，他满怀委屈地示威道：“我跑！”

“你往哪里跑？”我狠狠地问。

“往北京跑。”他负气地回答。

面对我挥舞的巴掌，他曾用“我有枪”相对抗，今天又用“我跑”相要挟。这种回答虽然让人哭笑不得，但却提示着一种危险：他知道父母害怕失去他吗？他知道他的话对父母能构成威胁吗？我想，答案是肯定的。

父母会惩罚孩子，孩子也会惩罚父母。有朝一日，我们都会对孩子惩罚式的出走充满恐惧，但现在我明显还不会面临这种现实的危险。所以，我更加恶狠狠地说：“你走吧，爸爸妈妈不要你了！”

他一瞬间好像失去了一切筹码，于是大哭起来。

不过，从现在开始，我们真应该认真面对这一问题了。他今天有了这种意识，明天就会有这种行动。

同时，我们也应认真面对他从外面带回家的越来越多的脏话。

☆破戒

过去，看姐姐娇惯她的孩子，我颇不以为然。记得有一次，她的小公子为一件小事躺在地上撒泼，姐姐一边将他抱起来，一边“乖啊，乖啊”地劝个不停。我恼火地说：“怎么能这样溺爱自己的孩子！”

姐姐反唇相讥：“等你有了孩子，也好不到哪里去！”

当时我想，等我有了孩子，一定会严加管教，起码不准他撒泼。另外，不准吃零食，不准乱买玩具，不准和其他孩子比享受，不准见人没礼貌，不准对别人小气抠门，不准违背父母认为正确的一切事情……

但是，现在孩子来到了这个世界，并一天天地茁壮成长，我也渐渐认识到所谓的许多“不准”，其实很难有现实的可行性。

比如不准吃零食。每当临睡之前，或时至夜半，孩子总要嚷着吃东西。我不能不让他填饱肚子，也不会在迷迷糊糊中去生火做饭。怎么办，只好准备一些零食让他一吃了之。

再比如坐玩具车。每次到公园，我本想让孩子多认识花草树木，增加点自然知识，但孩子克制不住地对那些怪叫着上下翻飞的飞机、火箭感兴趣。不让他坐，他哭得人心烦，不但破坏了周日全家出游的好心情，而且使我在别人眼里显得那么抠门，那么不近人情。

尤其让人不能忍受的是，他哭过以后，仍然眼泪汪汪地注视着那些电动玩具，好像父母成了剥夺他一切童年乐趣的“黄世仁”“南霸天”一样。所以到了最后，大人总是会屈服。

由此我也想到，我们的童年虽然大多是在艰苦中度过的，但我们的父母也并没有剥夺我们的一切享受和欢乐呀！ 记得小时候父母每次外出，即使花上一毛钱，也会带回一些好吃的东西，等待着孩子们由衷的欢呼。 这种节日庆典般的欢乐景象，给我们留下了多么美好的回忆啊！

我们之所以为孩子预备了许多的“不准”，无非是怕孩子们忘记了艰苦奋斗的优良传统，成为一个只知索取不知付出的“小皇帝”。 但是，如果我们今天已改变了自己的经济条件，我们又有什么理由让孩子重吃苦、重受罪呢？ 我相信，作为发展中国家的孩子，他们所能拥有的东西其实少得可怜，他们中大部分没进过迪士尼，没机会到世界各地走走。 西方儿童不屑一顾的麦当劳、肯德基，成了他们日夜梦想的盛宴。

也就是说，我们能给予他的，不过是最低层次的口腹之欲、耳目之欢罢了。 为他们设定的戒律还是越少越好。 与人方便，与己方便。 这种成年人之间的共处之道，同样适用于我们处理与儿童之间的关系。

但是，对孩子“撒泼”之类的无赖表现，我们还是要坚定地说“不”。

☆ “妈的×”

孩子在外面玩了一圈，又带回家一句脏话——“妈的×”。起初，他幼稚的童声念出这三个字，我没有听清楚。等到明白了他念叨的是什么，我便毫不犹豫地一巴掌拍过去。

他当然随之号啕大哭起来。

其实，孩子是无辜的，他只不过从语言的韵律中获得了言说的快感，并不知道其中的内涵。而且尤其糟糕的是，他从我暴怒的反应中认识到了话语的力量，并进一步激发了言说的欲望。

于是，最近几天，他好像掌握了一个什么至关重要的秘密，并开始试图在我的愤怒中获得僭越的愉快。有两三次，他故意一边说“妈……的……”，一边兴奋地望着我的脸，期待我会有什么非常规的举动出现。

从这种情况看，孩子有一种遏制不住的欲望。他想玩各种游戏，包括在我的巴掌周围徘徊的危险游戏。这种危险，让他心跳，让他备感刺激。

后来，我明白了，消除孩子不良言行的最好办法，不是马上做出反应，而是毫无反应，以淡化他说的话的重要性。于是，当他再二再三地说“妈的”并观察我们的反应时，我和妻子都装作什么都没发生，并置之不理。

于是，“妈的”也就从他嘴里渐渐消失了。

☆“不知道”

现在，电视上流行益智类节目，由于总有不菲的奖品，观众的参与十分踊跃。

在一个知识竞赛中，主考官问：“人一生最爱说的三个字是什么？”

被提问者吭哧半天，面红耳赤地回答：“不知道。”

主考官高兴地说：“完全正确，加十分！”

在孩子的幼年时期，为了让他尽可能多地认识世界，我们总爱问他各种各样的问题，孩子最省力的回答也是“不知道”。

起初，我们会耐心地向他解释，但随着提问的增多，却发现孩子是在故意逃避问题。有时，他正在关注他感兴趣的事，于是就用“不知道”应付了事；有时，他则因为思想的懒惰，故意将解答的任务推给父母。

面对这令人恼火的情况，我们必须调整自己的策略。首先，洞悉儿童的心理是重要的。提的问题应该是他最感兴趣、最想得到答案的，如大挖土机有几张嘴之类的。其次，难易程度要适合幼儿的接受能力，如一只青蛙有几条腿之类的。再次，应该像电视益智类节目一样引入激励机制，对他的解答做出必要的语言或物质奖赏。

总之，不怕孩子说“不知道”，就怕他不动脑筋思考。

☆比太原还圆

为了改变一下单调的饮食，我到超市买了几袋汤圆。

文火煮上十分钟，雪白的汤圆从锅底浮了上来。儿子看着，两眼放出渴望的光。

“啊，汤圆多圆啊！”我故作惊讶地说。

儿子也用夸张的表情回应：“是啊，比太原还圆呢！”

这就是一个孩子对词音和词义的最初理解。

☆我要睡觉

出差回来，我给孩子买了一包糖，他咯嘣咯嘣连吃数颗，没有一点要停下来的意思。

他不会要将全部的糖果一次吃光吧！

我赶紧说："宝贝，现在不准吃了，剩下的到睡觉时再吃。"

他马上拉着我的手说："爸爸，我要睡觉。"

我说："现在不准睡觉，到天黑了再睡。"

他立刻闭上眼睛说："爸爸，天黑啦！"

☆成功的引诱

入夏以来，我们就开始策划孩子上幼儿园的事。

这是孩子迈向独立的第一步，他开始走出父母的怀抱，以纯粹的个人身份走向社会。

但走出这一步是十分艰难的，对每一位家长都是一种心理考验。

孩子没有多少选择的权利，他只能被动接受成人的安排。真正充满忧虑的是他的父母——他能适应新环境吗？他会受其他小朋友的欺负吗？幼儿园的老师会善待他吗？

不管怎样，孩子在一天天成长，我们不可能为他包打天下。有时，情感上虽然有保护他永远不受伤害的爱的本能，但理智上又提醒自己还是将他从身边尽快“赶走”为好。

所以，最近几天，我要求妻子千万不能表现出对幼儿园的不信任，相反，应不失时机地赞美幼儿园是多么好，尤其要对那里的玩具、滑梯等好玩的东西表现出由衷的向往。

不知不觉之间，这种引诱奏效了。一天早晨，孩子睡梦中睁开眼睛：“爸爸，我要到幼儿园玩。”

我暗自窃笑，再过几天有你哭的时候！

☆陪太子“读书”

入园第一个星期，幼儿园要求家长在园里陪一陪孩子，以便他适应这个陌生的环境，适应这里的生活方式，甚至包括幼儿园里的气味。

对于成人来讲，这种陪伴的时光也充满了新奇感。我没有上过幼儿园，甚至在此之前，从没进入过这个被各种色彩装点的童话式的小国度。在孩子的年龄，我正在乡村的泥土地里打滚，正在和庭院里的公鸡母鸡做伴，正在呼吸田野里那裹挟着成熟谷物味道的空气。

所以，面对幼儿园里这些玩具、滑梯、秋千、壁画、小床，我恍如亲历了一遍另一种幼年时光，仿佛弥补了幼年时的诸多遗憾和残缺。

这里的孩子们也是愉快的，他们尖叫着左奔右跑，一遍一遍地在滑梯、秋千架之间奔忙，童稚的笑声在幼儿园的上空回荡。

一个星期下来，陪读的效果还是十分明显的。每当离开幼儿园，我总是要问：“宝贝，明天还来不来？”他总是情绪亢奋地回答：“来！”

☆ "哭够了没有?"

孩子愉快地在幼儿园里度过了最初的一个星期，他不知道天下没有不散的宴席，不知道欢乐背后孕育着危机。

这危机就是父母不会永远在他身边陪着，他们终究会离他而去。

当父母将他们扔在幼儿园扭头就走的时候，那场面颇有些生离死别的悲壮感。我看到许多父母两眼潮湿地走开，然后躲在孩子看不到的地方，窥视孩子的反应。

倘若那尖利的哭声持续下去，其中就会有"软心肠"的年轻母亲不由自主地返回，给孩子一些额外的抚慰。但父亲往往是"硬心肠"的人，他们不愿让幼儿园的老师看透自己的软弱，同时认为不应对孩子的"无理取闹"过度纵容，所以他们一般走得很坚决。

好在孩子的哭声都是短暂的。他们知道，只有父母才会对他们的哭声做出善意的回应。在幼儿园里，当他们发现并没有人理会他们"丧失父母"的悲痛时，便很明智地认可了现实，乖乖地听从老师的安排。

总有那么几个孩子不知趣，依然不屈不挠地哭闹。对于他们，老师们有很多办法，比如，给他们搬个小凳子，让他们坐在小教室外面，对着空旷的小院子去哭。

过一会儿，老师会从小班教室里走出来，问："哭够了没有?"

受此惩罚的孩子，几乎都会抽泣着回答："哭够了！"

"那就进来吧!"

孩子在这种冷漠中走向了成熟。

☆小别重逢

初入幼儿园，孩子有一个适应的过程。经过无数次父母坚决要送、孩子坚决不去的斗争，“缴械投降”的是孩子。因为他是弱者，他除了哭泣之外再无筹码。

弱者最好的选择就是屈服，并在屈服中适应被安排的新生活。

可怜的孩子，最初是生离死别般地哭泣，然后是撇着嘴、忍着眼泪认可自己的“被抛弃”，最后和父母平淡地道一声再见走进教室，这就是孩子进幼儿园的心路历程。

但是接下来，美好的情感体验就来了。每当下午五点半，孩子就开始像幼鸟一样在幼儿园中叽叽喳喳地叫，企盼父母的降临。他们的父母则在幼儿园外拥挤着，希望能在最短时间内看到自己的孩子。

噢，终于等到铃声响起，幼儿园的大门打开，他们神情亢奋地扑向自己的父亲或母亲，将父母的脖子抱得紧紧的，好像久别重逢似的。

父母此时也显得十分慷慨，他们问孩子想吃什么、想要什么，不在乎金钱，也忘了要努力培养孩子节俭的家训，好像要对自己的“无情”做出某种补偿似的。

☆生病

幼儿的生命是脆弱的，进入幼儿园，他不但要做心理调整，而且生理上也有一个适应的过程。

新朋友、新环境、饮食、睡眠、天气、心情，都给他造成了不小的困扰，于是，他可能会生病。

初入幼儿园，许多家长不明白孩子生病是由生活环境的变化造成的，他们开始埋怨老师不负责任，这是有失公正的。

入园后的十多天内，我的孩子已患了两次感冒。他发烧、咳嗽、啼哭，这娇贵的小生命，让人昼夜不得安宁。

更要命的是，他的生病在家庭内部不断引发矛盾。孩子的外婆坚持认为，这是幼儿园老师没有好好照顾的结果，所以坚决反对再送他去幼儿园。我则认为，孩子早晚要跨出这一步，早适应比晚适应好。他通过生病增强了适应恶劣生存环境的能力，在身体的创痛中学习了自我保护的技能，所以生病未必是一件坏事。

况且，我们不可能一辈子都护佑着自己的孩子，他终究要走出父母的目光，以独立的形象在社会立足。所以从现在开始，必须硬起心肠。

对于老人来讲，她爱孩子是真诚的，她也需要孩子慰藉自己晚年的心理孤独。面对老人的固执，我们应该将道理讲清，更要在从她手中将可爱的“小把戏”夺走之后，给予她更多的关心和爱。

我们这样做了，效果很好。

☆正常的儿童（1）

马克思曾谈到，古希腊是人类历史的童年，它创造的神话与史诗散发着永恒的魅力。关于古希腊人创造如此辉煌的人类早期文明的原因，马克思认为，儿童可分为粗野的儿童、早熟的儿童和正常的儿童，古希腊人属于正常的儿童。

马克思的理论对人类早期人性的分类，对我们今天的幼儿教育仍然富有启发。在国家计划生育政策的制约下，我们不可能老大、老二、老三……一直生下去，让家里的孩子可以编排成班。

孩子越少，我们的爱和期望越集中。因此，在现代家庭中，儿童趋于粗野的可能性越来越小。相反，我们不厌其烦地培养他礼貌待人，以讨人欢心，费心劳神地对他进行超前教育，以使他给人以卓尔不群的天才印象。也就是说，儿童的早熟成了现代家庭的教育目标。

但是，像无所管教会变得粗野一样，儿童的早熟也是现代家庭教育的一大误区。我们强逼儿童去认字，强逼他们弹钢琴、练书法，我相信，这虽然有助于开发儿童的智力，但负面的影响更大，使他在成熟中过早丧失了孩子应有的童趣。

在巨大的使命感驱使下，我们有意无意中剥夺了孩子享受童年乐趣的权利，也剥夺了他在自由生活中创造自我的能力。按照成人的标准，我们夸奖早熟的孩子"真听话""真懂事""真聪明""像一个小大人一样"。其实，这种夸奖预示着一种巨大的危险——

他的所谓听话，无非是因为顺从了成人的道德意志；他的所谓懂事，只不过是按照父母的行为方式塑造了自己；他的所谓聪明，也不过是快接近了他父母的智力水平。想一想，我们这些做父母的又是些什么人呢？不过是一些平凡如草芥的小人物。如果按照我们自己的标准要求儿童，这孩子所谓的听话、懂事、聪明，必然意味着他将来会像我们一样平庸。

所以，我们不但要为孩子的粗野焦虑，而且有足够的理由为孩子的早熟烦恼。成熟像一个框框，会过早将他的人生格局限定。剩下的时间，他也许会在这个既成的框框内毫无创造力地走完自己的一生。

所以，让孩子成为孩子，而不是什么小大人，让孩子成为正常的儿童，既不野蛮又不早熟。这应该成为我们的教育理念。

☆正常的儿童（2）

“我一定要让我的孩子比我强”，这是许多家长抱定的信念，也是他们投入大量精力教育孩子的动力所在。但是在教育实践中，我们的目标和手段之间却存在着巨大的反差，有时甚至是南辕北辙——投入的精力越多，离我们的目标越远。

比如，我们习惯于以自己为楷模，为孩子树立道德规范，但是，这只能使他像我们一样自幼循规蹈矩，缺乏创造性。我们总是抱着让孩子成名成家的愿望，逼他学钢琴、学书法、学绘画，殊不知这仅仅是一种技巧训练，如果没有心灵的投入，最多只能使他成为一个技艺精巧的手工匠人。

当一个人长大后，他的长辈往往会评价说：“这孩子从小就十分听话。”言外之意，就是他小时候听父母的话，长大了听领导或老婆的话，年老了大概又要听孩子的话。这个人的一生是好人的一生，但注定也是平庸的一生。

我们在生活中也碰到过无数的艺术神童，钢琴弹得非常棒，书法写得有模有样，但他最终却既没有成为钢琴家，也没有成为书法家。原因很简单：他只有技艺，没有心灵。他的技艺是父母逼的，而不是来自个体生命的本能需要。

因此，虽然粗野的儿童是不受欢迎的，但早熟的儿童也是同样可悲的。使孩子成为人性健康的正常儿童才应该是我们的培养目标。正常的儿童心性自由，身上蕴藏着无限的可能性，拥有惊人的智力潜能。这些东西如果能得到自由发展，往往会使他达到真正的成功。

因此，父母最重要的任务不是让孩子在各种培训班之间奔走，也不是看他在期末能不能拿到一个“三好学生”证书，而是启发他去自由行动、自由思想，精心守护他爱游戏、爱创造的宝贵天性。

一个受到父母虚荣心、期望值过度压抑的孩子，不但不可能获得真正的成功，还会在精神的重压下失去童年应有的快乐。这无疑是我们最不愿意看到的结果。

☆孤独的味道

作为成年人，我们对于孤独，已经具备了超强的忍耐力。孤独来临时，我们闭上眼睛睡觉，我们借酒消愁，我们点上一支烟，我们在电视机前无端地耗时间，或者像笼中野狼一样在房间里一圈一圈地转……

还有一种人，他可以将自身的孤独当作研究对象，然后用文字的方式记下自己孤独时的心理体验。这样，孤独使他成为一位作家或哲学家。

他研究了孤独，也就成功地使这种情感在内心得到淡化。如果越研究内心的孤独越强烈，那么他也可能选择自杀。

在现实生活中，作为一个凡人，我们大多无望地忍受着孤独带来的痛楚。但是，我们并不想因此在周末造访友人的家庭，因为怕暴露自己的软弱，怕成为他人怜悯的对象。有时候，我们甚至拒绝向家人坦陈心迹，因为他们不可能解决你的精神问题，而且你还会将自己的糟糕心情传染给他们。这明显是不负责任的，也是不道德的。

于是，我们将孤独作为一种不可告人的秘密深藏心底，小心守护，以防其暴露。我们或像雕像一样木呆呆地坐在沙发上，或强颜欢笑，以证明自己的乐观和坚强。

但孩子却不一样，他不会说“寂寞使我如此美丽”，不会将孤独作为一种享受，也不会像哲学家那样将孤独作为思想的财富。

他的选择，就是用哭闹来反抗，用行动来拒绝。

☆向孩子学习幸福

今天下午，孩子和我一起待在家里。为了不使他感到孤独，我陪他玩玩具，给他讲故事，陪他看《猫和老鼠》……当一切项目都尝试了一遍之后，我们四目相对，此时，他认识到了我和家的无趣。这时，他发话了："爸爸，我要出去玩！"

我拒绝了他的要求，他的反应十分直截了当——马上一蹦老高，号啕大哭。

我屈服了，带着他到生活小区的马路上游逛。他马上融入了小朋友的团队，并神情亢奋地去追打、玩石子、玩沙土。有意思的是，这是一帮大男孩，根本不理刚满三岁的他，但儿子却不识趣，更不生气，他不屈不挠地跟在这些大孩子的屁股后面，显得异常兴奋。

后来，这群孩子散了，儿子稍感失落，但一瞬间，他又提出了新建议："爸爸，咱们到绿城广场吧！"

终于玩够了，我们从绿城广场回家。他打着哈欠，倒头便睡，在睡梦中发出咯咯的笑声。

显然，儿子是幸福的，他逃避孤独的方式也是让人佩服的。他从不给孤独留下时间，总是要抓住生活中鲜活亮丽、意趣盎然的东西。他只要醒来，就开始行动，开始玩他的玩具或和小朋友一起笑闹，直到累得一塌糊涂，就沉沉地睡去。

当无所可玩的时候，他也不会必定陷入孤独，他会死皮赖脸地向父母提出种种要求。

你满足他，他手舞足蹈；你拒绝他，他大哭大闹。哭哑了，闹累了，就睡觉。

从以上情况看，孩子逃避孤独的方式是相当感性的，他要求耳有所听、目有所见，要求在行动中忘掉一切。他不会区分哪些逃避方式高雅、哪些浅薄，更不会用拒绝浅薄来标榜自己的高雅。他不给自己设定心理和行动的界限，永远胃口良好。

更值得羡慕的是，孩子不会因孤独而失眠，不会用强颜欢笑来掩饰自己的心烦意乱。

所有这些，都值得一个追求幸福、追求心理健康的成年人好好学习。

☆别把孩子当人质

最近，我与妻子的矛盾不断激化。争吵、冷战、和好，再争吵、再冷战、再和好，前后折腾了近一个月。

不是因为经济纠纷，不是因为一方懒于家务，也不是因为第三者插足。原因很简单，妻子的长期加班超出了我可以忍耐的限度。

“单位又不给你增加工资，也没有加班费，你为什么加班？”

“单位的事老是忙不完，不加班，你让我被老板炒鱿鱼吗？”

这就是我们反复争吵的问题。

我们的较量没有结果，看来近期双方都没有屈服的可能性。这样，处在夹缝中的孩子可就倒霉了。

“别理我，找你妈妈去！”

“别理我，找你爸爸去！”

开始，孩子感到这样被推来推去很好玩，他咯咯地笑着接受这种“游戏”，但慢慢地，我发现他的笑开始在脸上凝固，快乐与委屈开始在脸上对峙。最后，委屈取得了胜利，占领了他原本快乐的面孔。

我将孩子搂进怀里，在安慰他的同时，没有忘记将恶狠狠的目光与同样恶狠狠的妻子的目光相碰撞——

“哼，要不是为了孩子……”

“哼，是的，要不是为了孩子……”

这是双方放出的狠话，以表示自己的不屈服和无所畏惧。那省略的半句是双方都心知肚明的，但还是给这紧张的气氛留下了和缓的余地。这条件就是孩子。于此，孩子好像成了保障婚姻的最后一道防线，好像是孩子的存在才使自己这样无限度地容忍对方。

很明显，即使没有孩子，这婚姻也不会破裂，我们还会为婚姻存在的合理性寻找其他借口。但现在，孩子似乎成了双方能继续相互容忍的最可靠的理由。

开弓没有回头箭。在这场关系到荣誉、尊严的斗争中，双方都不愿意显示自己的软弱，于是，我们开始拉孩子做自己的同盟——

“过来，你说是喜欢爸爸，还是喜欢妈妈？”

“我喜欢爸爸，也喜欢妈妈。”

这种回答很让人沮丧，这种不偏不倚的表态，是说明了他的善良，还是说明了他的狡猾？

“别理他，他是坏爸爸。”

“别理她，她是坏妈妈。”

言语之中裹挟着争夺，关爱之中夹杂着愤怒。孩子再一次在这种对抗之中左右为难，他讪笑着、迷惘着、恐惧着，最后再一次用哭泣表达内心强烈的抗议。

很明显，孩子在这里成了被双方挟持的人质，因为他的存在，我们一次次地展开意志较量——

“你是个称职的父亲（母亲），你可以忽略自己的孩子！”

“你勇敢你坚强，你可以不要自己的孩子吗？”

反讽性的指责、诘问式的驳难继续着，没有人注意到孩子渐渐变得沉默，也没有人注意明朗的孩子脸上渐渐有了阴影，更没有人注意孩子望着父母的眼神有了几丝畏惧和陌生。

直到有一天，孩子有了夜哭的习惯，他闭着眼大叫“我要爸爸，我要妈妈”。这哭声让人怜悯，又让人心力交瘁，赶紧查一查育儿指南，啊，原来孩子正一天天失去安全感。

我们举目对视，忘了进一步追究到底是谁让孩子失去了安全感，只是有了几分为人父母的内疚。为什么夫妻的意气之争，要挟持孩子作为人质？为什么可以为无谓的争斗浪费精力，却不愿腾出时间为孩子创造一个和谐的生存环境？

从前，护城河里住着一条永远快乐的鱼，它从没有犯过任何错误，但一天夜里却遭了大难。原来，那天夜里城门失了一场大火，护城河里的水被救火的人们用水桶挑光了。

无辜的鱼啊，你是我们的孩子吗？

☆自来水语言

孩子的思想是自由的，思想的自由必然导致行为的放任不羁。比如，他要爬窗户，要摸电源插头，要上沙发，要在地上打滚，要在墙上乱画……

有人说，让他爬，让他摸，摔他一次，电他一次，他就老实了。但我们只有一个孩子，摔死了、电死了，谁负责？

更有人说，在地上打滚是孩子天性率真的表现，有多少成年人想在地上打滚，还没有这样的勇气呢。孩子在墙上乱画更有助于发展他的想象力，说不定一个伟大的画家正是从在墙上乱画开始他的艺术之路呢。

站着说话不腰疼。让孩子享受自由是对的，但给他洗衣服是如此麻烦，满房间被涂上花花绿绿的线条更有碍观瞻。

所以，对孩子的限制是必然的。经过一天的工作劳累，我们确实不愿让孩子的乖张行为给自己带来更多的麻烦。

要限制，就少不了语言的劝诱和呵斥。于是，“不准”就成为使用最频繁的词。

但是，限制性话语使用多了，就渐渐失去了效力。孩子依然故我，玩着他喜欢的违规游戏。他对成人的劝诱、警告充耳不闻，气得人真想提起他的耳朵，暴打一顿。

打孩子是不可能的，因为我们不想因为一些小事让孩子的心灵受到创伤。但面对孩子的放任不羁，我们究竟怎么办？

一般而言，在家庭内部，母亲总是喜欢唠叨，她的语言像自来水一样川流不息，却很难引起别人的注意。她对孩子提出各种各样的要求，但孩子对她的要求不是充耳不闻就是抗拒。

相反，父亲多是沉默的，他不在乎细节问题，但在关键问题上却一定要较真，而且一较真就不同凡响。只见他突然眼睛一瞪，沉闷的嗓门大吼一声，这时你再看那在地上打滚的孩子，竟会像落地的乒乓球一样飞快地弹起。

这种情况提醒人们，对孩子说“不”的时候，一定要把握火候。说得太多太滥，只会使父母自损尊严。

☆意外之喜

孩子非常喜欢看 CCTV 每晚七点半的天气预报。那份投入和专注，想必会让中央气象台的工作人员深深感动吧！

从北京、哈尔滨到台北、海口，然后再回到北京。他一边听，一边念念有词。

今天晚上，我突然想到应该给他搞一个测试：我消掉电视的声音，看他还能不能认出荧屏上那些不断变化的省会城市。

不料，他对着画面，竟然将中国每一个直辖市、省会城市、自治区首府的名字读了出来。

我对此大为惊讶，他果真能认出如此多的城市吗？

于是，我试着在纸上写出这些城市的汉字名称让他读，他竟也非常准确地读了出来。

显然，这由近七十个汉字组成的城市名被他熟练地掌握了。那么，到底是什么原因使他有了如此不可思议的记忆力呢？回想起来，这大概和平常的“熏陶”有关。

今年上半年，我就发现他对天气预报感兴趣，于是利用那些变化的画面，我开始有意识地让他注意那些城市。为了给他更直观的印象，我买了一张中华人民共和国地图和一张世界地图，让他在上面寻找、辨认。

这种活动，成了我们每晚进行的记忆游戏。

我历来反对过早让孩子认字，更不同意将孩子掌握汉字的多少作为他是否有天赋的表现。文字只不过是他认识更广阔的世界的手段，没有这一个基点，抽象的文字只会给孩子的幼年带来苦难。

在地图上，我沿着标出的铁道线与孩子玩开火车游戏。我们一起“开火车”到过贵阳，因为我刚从贵阳出差回来。我们也一起认识了弯弯曲曲的长江和嫩江，因为这两条江的大洪水给孩子留下了深刻的印象。

通过电视，孩子认识了黑人、白人、黄种人。我就在世界地图上给他指出不同人种所住的不同区域。在电视上，孩子认识了那些世界级的著名人物，如布什、普京等，我们就“坐”上火车、飞机、轮船，到这些著名人物的国家和城市展开一番梦幻之旅。

慢慢地，他年幼的心灵变得博大，他知道世界上有形形色色的人物和事件，知道了这个世界是如此五彩缤纷。

而对文字的记忆和辨认，不过是这种精神游历的附属物罢了。

首先靠认识世界而认识文字，然后借助文字来加深对世界的理解，这大概是马克思主义唯物辩证法在一个幼童身上的体现吧！

☆做个有心人

即便纯粹为了教孩子认字，也不必将汉字写在黑板上、制作成卡片贴在墙上。我的孩子认识阿拉伯数字源于爬楼时看到的楼层标志，他认识电话、传呼、电视，甚至下水道这些词，源于楼道里贴的形形色色的小广告。

让孩子在盎然的兴致中认识周围的一切，这真是一种十分好玩的事情。

于此，我们对自己的唯一要求，就是做一个有心人。

☆废物利用

当孩子到了一定的年龄，他就有了自我表达的欲望。生活中五彩缤纷的形象叠加、拥塞在他的大脑里，逼迫他寻找适当的媒介来表现。

于是，他偷偷地拿起了笔以及一切可以在周围世界刻上印记的东西，乱画起来。

这种状况，让人惊喜，又让人烦恼。惊喜的是，他终于懂得用抽象的线条再造、虚构这个世界，这对他形象思维的发展是极有意义的；烦恼的是，我们家雪白的墙壁可能从现在开始要遭殃了。

为了约束孩子的“不规”行为，我们呵斥过他，甚至要对着线条纵横的墙揪他的耳朵并大声吼叫。但这样做明显是欠妥的，因为我们为了省事而对他创造性行为的剥夺，可能使他从此错过进入一个五彩斑斓世界的机会，甚至会使他因此变得缩手缩脚、性格怯懦。

面对被画得乱七八糟的墙，宽容的父母可能会为之手舞足蹈——啊，这个可爱的小画家，他所画的东西多么鲜活、多么具有创造性！但这种无限度的“助纣为虐”，也必然会使家庭付出代价。从此，可爱的家可能成为杂乱无章的“猪窝”，孩子则像被惯坏的小猪一样缺乏文明的约束。

那么，有没有一种方法，让孩子创造的欲望与文明的限定之间形成契约？我想是有的。

有人说，给孩子准备一张白纸，让他去画就是了。你可以在旁边严密地监视着他，防止他的画笔向纸张以外的区域延伸。

但实践中我们会发现，孩子对32开或16开的白纸是不感兴趣的。这种纸薄而脆，经不起他没轻没重的"蹂躏"；这种纸面积小，限制了他想象力的无限膨胀和发挥。如果你将这样一个纸片塞给他，并想他愿意画就画，不画拉倒，那么他就会有两种选择——要么从此对画画再无兴趣，要么乘人不备，将家里干净的墙面涂得一塌糊涂。

所以，我们应该寻找一些优质而宽大的纸张作为画材，让孩子在一个既雅致又适度的区间内展示自己的"艺术才能"。但我们又不可能到商店里买价格昂贵的纸张供他潇洒，因为他画作的艺术价值、质量确实会辜负这些贵重的纸。

那应该怎么办？我们每一个家庭都会积攒很多陈年的挂历，这些东西放在屋里占地方，扔掉了又挺可惜，所以不妨用它雪白而光洁的背面让孩子去画。事实将会证明，孩子对这种纸是十分感兴趣的。

总之，学会废物利用，既可以节省金钱，又能为孩子不断开辟新的天地。

不信，你可以试试看。

☆思维的两极性

对于周遭的物象世界，孩子认知的热情远比成人要强。 这是因为，成人因经验过多而导致感官迟钝、麻木，孩子则因经验苍白而对一切表现出良好的接受力。

但是，孩子对周围的一切空间性存在物也不是照单全收，他往往有自己独特的选择对象。 比如，在各种自然物象之中，他往往关注最遥远的和最临近的，最壮大的与最柔弱的，最有力量的与最轻飘飘的，最有动感的和最死寂一团的……

孩子喜欢遥远的星辰和月亮，以及那在天空穿行的飞机、风筝和巨鸟，因为这些东西给予了他关于遥远世界的许多幻想。 孩子喜欢他的宠物、他的玩具，甚至他每天必睡的床，因为这些东西给他提供了一个温馨、亲切而有趣的生活环境，并促使他对那微观世界的奥秘产生洞察、理解的兴趣。孩子以敬畏的心情面对大灰狼、大老虎、大狮子，以及一切可以用“大”来称呼的东西，因为这些嗜血动物让他恐惧又让他惊叹，这种对力量的崇拜和敬畏使他深陷其中，欲罢不能。 另外，孩子也关怀一切柔弱的生命，如野外的小草、树上的蚂蚁和树叶上的小虫，它们唤醒了孩子爱的情感，并通过爱的付出证明自己对世界的责任和个体存在的重要性。

可以认为，孩子关注两极性的物象是很有意义的。 这种关注不但使孩子的思维空间得到开拓并变得博大，而且在对微末之物的关注中使情感变得细腻、思维变得缜密。 进而言之，在这种无穷大和无穷小的对比中，他开始明辨事物的差异，从而使原本混沌一团的世界在对立中建立秩序。

☆林中树

时当秋暮，一夜秋风吹落了满树黄叶。

傍晚和儿子行走在树林中，他问：“爸爸，树上的树叶怎么不见了？”

“天一冷，树叶就要死了。她要落到地面，变成泥土。不过，明年春天她还会长出来的。”我回答。

“看，那些树叶长出来了，是不是到春天了？”儿子对着尚未落尽的几片残叶，惊喜地说。

“不，她们不是新长出的树叶，只不过是顶着秋风，坚强地延续着残损的生命。她们终有一天也会死去，变成泥土，或在野火的燃烧中化为灰烬。”

但可以预期的依然是她们灿烂的新生。来年的春天，满树鲜嫩的绿叶和灿烂的花朵，依然会使林中漫步者为之心动、为之惊赞。

人呢？他也会像这林中的树，用花开花落来展示其生命的轮回吗？是的，他会，他的儿子或女儿正是明春的新一轮树叶，将生命之树的蓬勃生机延续下去，直到永远。

一边是鲜活的新生命，一边是日渐衰朽的自身。看着新的生命是喜悦的，但想着自身的衰朽又不免悲从中来——

是的，当我化成一缕青烟在天空飘散，这鲜活的孩子与我又有什么关系呢？

作为“青烟”存在的我，能否变成一朵秋雨云，以雨点的方式滋润大地上的青草，这青草能否成为家畜口中的食物，这家畜能否以肉食的方式被端上孩子的餐桌？

果真如此，我们就该满足了，因为我们以隐匿的方式，重新参与了这原本不可重复的生命进程。

☆与黑夜关联

楼下，有一排车棚。不知是谁家的车棚门，下面烂了一个大洞。

在夜色中，这洞口黑乎乎的，好像藏匿着不可告人的秘密。

我此时有点恶作剧心态，于是对儿子说：“你钻进去看看，看里面有什么东西。”

儿子坚决推辞，我坚持要求，后来，直到他声音里透出哭腔我才罢休。

这对他肯定是一次恐怖的经历，因为在此后的相当长一段时间，他在路上一看到黑色的模糊印痕就躲闪，脚步变得小心翼翼。

由此联想到今年夏天的一次旅游。爬上山顶，我们来到了一座色彩灰暗、墙壁破败的寺庙。对成年人来讲，这是一个发思古幽情的好地方，但儿子自从进了庙门就开始哭闹，并声嘶力竭地大叫：“我——要——出——去！”

当时我既莫名其妙，又十分懊恼，只好悻悻而回。但现在我明白了，孩子从不喜欢晦暗与朦胧，他灿烂的生命只希望与亮丽的东西相互沟通。

其实，成年人何尝不是如此。风雨之夜的野寺孤灯曾多少次让我们毛发直竖，月圆之夜的野坟孤冢也多少次让我们冷汗迭出。

☆虾条故事（1）

儿子从不吃虾及各式各样的水产品，却一以贯之地喜欢吃虾条。他咔嚓咔嚓嚼虾条的声音，与蚕吃桑叶的声响十分相像。

晚上十点，这小东西又犯了虾条瘾，大呼要吃虾条。值此寒冷的冬日之夜，街上的商店早已关门，我不可能为了一块钱一包的虾条去敲开那紧闭的店门，否则，别人会认为我是一个不讲原则或犯了神经病的父亲。

但在此时，他的渴望如此强烈，以至于要用凄厉的号哭将沉静的夜空穿破。恐吓、欺骗、抚慰，使用了一切可用的手段，但他仍一口咬定要吃虾条。

最后一招见了效果。我说："给你讲一个虾条的故事吧。"他十分不情愿，但还是答应听一听。

我使出浑身解数，将一根平凡的虾条描绘得美妙绝伦，并道出它对小山羊、小松鼠、小猫猫等许多动物形成的巨大诱惑。

那一刻，儿子喉管蠕动，好像神经也随着这根虾条上天入地，上下游走。终于，他满意地睡去，并吮着一根颇像虾条的手指头。

☆虾条故事（2）

在某种程度上，儿童身上还保留着许多动物性的原始欲望。对于孩子，吃的欲望虽不能说压倒了一切，但由此带来的生理快感却比成年人的感觉要强烈得多。

由此，我想到自己的童年。至今，我对当时与姐姐争食一块点心仍保留着刻骨铭心的记忆。另有一次，父亲将一盒糕点藏了起来，可能将来送人时要用。我无法克制自己的食欲，东翻西找，终于发现了那盒糕点。我小心翼翼地解开，一点一点地品尝，直到有一天父亲望着空盒子大动肝火，我懵了。

那是怎样一种欲望与恐惧相互搏杀的场景啊！

我也想到有一年回故乡，探望长寿得近于糊涂的姥姥。当时，她破口大骂以孝顺出名的舅舅不给她买一种甜果子吃。她一边骂一边絮叨，最后竟嘤嘤地哭了。

我在这里说这些，并不是要显示自己出生在一个贪吃的家族，并将这种毛病传给了孩子，而是说人愈老愈像孩子，他们像孩子一样不能用理性克制自己对食物的渴望。

以上是一些由虾条引出的旧事。这些故事提醒人们，儿童的生理欲求是应该给予充分尊重的。如果我们满怀成人的傲慢将这种欲求看得无足轻重，那么，我们给孩子造成的挫折感也许比成人事业的失败还重。

我们也曾经是孩子，孩子的今天正是我们昨天的复现。以同情的方式理解孩子的一切，以宽容的心态肯定孩子欲求的合理性，是每位父母应该具有的心理基础。

只有理解，才有真爱。所以不管怎样，第二天一大早，我的第一项任务，就是去给孩子买一包虾条，圆他一个童年的梦想，让他少留下一个心灵的创伤。

☆理发

孩子头发长了，该理发了。

不然，头发越来越长，像个女孩子，多难看！ 这是最近我一直向孩子唠叨的问题。

并不是我太婆婆妈妈，而是理发对于孩子，可能像上刑场一样可怕。在他两岁十个月的生命历程中，他总共理过五次发。 每次那种惨绝人寰的号哭，那种毫不妥协的拒绝，可能成了他生命中最恐怖的记忆。

秋天，像各种小动物要换毛准备过冬一样，孩子的毛发也渐密渐长。我和妻子都有意回避这一问题，佯装不见。

慢慢地，他的头发竟然可以梳小辫了。 噢，很好，扎在脑后，一定像个叛逆青年！

也许是经常唠叨引起了孩子的注意，也许是越来越长的头发让他头皮发痒，他最近开始主动提头发的事。 他说："爸爸，头发太长了，咱们拽掉它吧！"

我拽了两下，疼得他直咧小嘴，直喊："别拽、别拽，我要理发！"

"这次可是你主动提出来的，可不准哭啊！"

"好，不哭。"

于是，我们来到了理发店，曾经领教过他的"厉害"的女理发师瞥了他一眼，就开始嘟哝："难缠鬼又来了！"

但这次孩子的表现出人意料，他乖乖地坐在理发椅上，左偏、右偏、低头、抬头，遵从了理发师的一切指令。 理完走出理发店，他还向女理发师说了一声：“阿姨，再见。”

看着孩子整齐的短发，真让人有许多感慨。作为父母，我们看着他一天天长胖长高，却看不见他的心理也在逐渐成长变化。

妻子说：“儿子真是长大了。”我想，她的感慨主要是指儿子的心理成长吧。

☆换爸爸

一按遥控器的选择键，电视上马上会出现一个崭新的画面。第一次让孩子玩遥控器，他就从中感受到了无限的神奇。

突然，他将遥控器对着我狠狠地按起来。

我说："你这是干什么呀？"

他回答："我要把爸爸换掉！"

当然，他的努力最终失败了。

☆尿床精

一大早，孩子从被窝里拱起来：“爸爸，我尿床了！”

我伸手往他被窝里摸了一把，果然，里面湿漉漉的。

“你看你？ 半夜里，听他来回折腾，就不知道起来把他尿尿！”

“我可没听见。 既然你听见了他折腾，为什么自己不起来？”

我和妻子相互指责推诿，但已解决不了任何问题。 床毕竟已经湿了。

相互指责的“程序”过后，我们将目光投向孩子，他正天真地看着我们，眼神中泛出恶作剧般的笑意。

“都是你，你这讨厌的尿床精！”我和妻子几乎异口同声地说道。

对于成人，尿床是件十分羞耻的事情。 记得自己十岁时好像还尿过一次床，结果将尿湿的部分捂在被子里，生怕被人发现，直到最后将它暖干。但一个不足三岁的孩子对尿床却毫无羞耻感，他看着那一片“地图”一样的湿痕，很可能对自己的创造充满自豪呢！

为了让他以此为戒，我说：“今天，我要将你尿湿的褥子挂到大马路上，让叔叔阿姨、小朋友们都看看！”

他毫不犹豫，直截了当地回答“好”，从眼神里透出莫名的兴奋。

在这一天里，他曾数次对我说：“爸爸，咱们把褥子挂出去吧！”这种要求，真让人哭笑不得。

由此看来，对于幼儿，羞辱是不能作为惩罚方法的，他正处于为自己的每一种“创造”感到自豪、惊奇的年龄。 在他看来，能尿湿如此大的一片一定是非常了不起的事情。 如果以此作为“羞辱”，反而会激发他产生更大的“创作”热情。

打几巴掌怎么样？ 好像也情理不通，因为尿床不是他的过错，而是因为父母的懒惰。

最好的办法还是让他睡觉前少喝水，并将尿排干净。 尿床之后，不妨让他在湿被窝里躺上一会儿，那不舒服的感觉一定对他是个提醒。

☆魔力小店

吃和玩是孩子每天的功课，而且要不断花样翻新。

渐渐地，他吃零食上瘾，以致讨厌吃饭；他玩玩具上瘾，不惜花光父母的钱。

这种贪欲给父母带来的困扰是巨大的。绝大多数年轻父母并不在乎为孩子花钱，问题在于他越来越靠吃零食维持身体所需的热量，对一日三餐越来越厌倦。

最近，对孩子来讲，生活小区里的小商店简直成了他生命中的童话世界。每当从店门前经过，他的目光里就满含着攫取什么的渴望。当然，作为父母，我们要视而不见，千方百计忽视他的这种渴望。

但是，作为孩子，在父母一次次的拒绝中，他会不断调整自己表述渴望的方式。比如这几天，他见我对他的要求毫无反应，每次经过商店门前，他的第一句话往往是："爸爸，我饿！"

可能，他认为这是一种最能让人心生怜悯的表达。是的，我饿了，我是多么无助、多么可怜，请尽快买点零食满足我吧！

但我一下子就识破了他的"巧计"，随即说："饿了好，赶快回家吃饭！"

他脸上马上笼罩起了乌云，悲愤交加地说："我不吃饭！"

"不吃饭更不让吃零食！"我斩钉截铁地说。

终于，他不再自我克制，忘记了一切自尊与廉耻，放声大哭起来。

这种状况真让人难堪而又于心不忍。在大庭广众之下，他大放悲声，不是在宣示父母在虐待他吗？ 为了一两元钱的小食品让一个孩子悲痛欲绝，那又何必呢？

于是，我连哄带劝地带他进了商店，孩子“这个，这个”地指点，我忙不迭地掏钱，直到他挂满泪珠的小脸重新变得灿烂为止。

但是，这种对孩子的纵容，后果是严重的。 从此，“我不吃饭”成了他每天的口头禅。 由于吃零食过多，他吃坏了肚子，体重下降，经常喊肚子疼。

至于是否因此助长了他好吃懒做、奢侈浪费的恶习，现在还看不出来，还要等他长大后再做验证。

☆当哭泣成为技术

孩子慢慢对周围的一切充满欲望。

有欲望必然有欲望不能满足的痛苦。面对这种痛苦以及生命中诸多的不尽如人意之处，孩子应对的手段往往和成人不同。

成人的方式大致有三种：第一，用积极的行动去占有欲望对象，从而实现自我满足；第二，用理性意志力自我克制，将占有对象转化为战胜自我；第三，把现实中不能实现的东西交付给丰富的想象力，用虚幻的满足自我慰藉。而孩子，他生活的境况则相当被动。他还没有能力采取积极的行动，他还没有坚强的意志去自我克制，他也不会在自我欺骗中寻找慰藉。这样，他能够选择的方式就只剩下最后一种了，这就是哭泣。

初始阶段，在父母眼里，孩子哭泣的内涵往往显得十分简单。只要摸一摸他的额头是否发热，他的小肚子是否干瘪，他的褥子是否被尿湿，就能找到哭泣的理由。也就是说，他初始的痛苦往往是肉体性的，只和身体的不适有关联。

随着年龄的增长，他的哭就渐渐成为向世界全方位发言的手段。他需要通过占有周围的一切来自我满足，他需要成年人的呵护来抚慰自己的情感。如果要求得到满足，他就笑了，反之，他就哭了。很明显，这时的哭泣已不再那么被动，而是隐含着一种主动的选择在里面。唯一与成人不同的是，他还没有能力通过自身的创造满足欲望，仍然需要将父母作为实现欲望的工具。

没有几个充满舐犊之情的父母会无视孩子的欲望，哪怕他的要求显得如此刁蛮。一般情况下，我们会放下手头的工作去哄孩子，会掏出钱来领孩子上街，直到他破涕为笑、脸上重新充满阳光为止。

渐渐地，孩子从这种由父子或母子构成的欲望关系中发现了一个规律，即他要引起父母的重视就必须哭泣，只有引起父母的重视，他的欲望才能得到满足。而且，欲望满足的程度往往和哭泣的强度和时间成正比。当他发现这个规律之后，他就爱上哭泣了，哭泣也就由一种真实的痛苦演变为一种要挟的手段——“看，我已经哭了，快来拥抱我、安慰我、满足我！”

当然，成年人往往比孩子更聪明。当他发现哭泣已被技术化，已成了一种包含阴谋的故意，他也就开始用故意的冷落来面对孩子的哭。在这种企求与拒绝的较量中，软心肠的父母往往是失败者。但如果你硬起心肠坚持下去，孩子就会发现，哭泣并非屡试不爽的灵丹妙药，他也就开始在对眼泪的遗忘中走向成熟，走向坚强。

☆当哭泣成为需要

孩子的哭泣有他特选的对象。这被他特选出来的对象就是他的父母。

在一次次被那“喷薄而出”的噪声折磨之后，如果我们冷静地想一想，就会发现孩子的哭泣其实包含着对父母微妙的心理需要。

一个简单的问题是，孩子哭泣时为什么总是望着父母的脸，总是牵着父母的衣襟？他为什么不到大街上去随便选择一个对象？

也就是说，孩子对你哭泣，正包含着一种深深的信任在里面，正说明你在他心目中的重要性。这种信任是对你存在价值的一种肯定，也是孩子能够给予你的最高荣誉。

也许正是这种对肯定和荣誉的心理需求，我们由衷希望他是一个永远也长不大的孩子。

当他学会了在你面前掩饰痛苦，当他学会了“流了眼泪也要自己轻轻擦”，父母的悲凉也就来了。我们会从中意识到自己重要性的丧失，意识到孩子在情感上开始对父母疏离。这是一种逐渐被新一代生命抛弃、行将退出历史舞台的失落感。

到那时候，我们也许会暗暗祈求：“孩子，你能否伏在父母的肩头再大哭一次？”

☆看电影

过去，在乡村看电影《铁道游击队》，电影的片头是一列呼啸而过的火车，它好像冲着黑压压的观众撞过来。当时，没见过多少世面的村民一下子骚动起来，个别人甚至被吓得哇哇大叫。

现在，这种场面在我的孩子身上重演。为了改变单调的生活，今晚我带他去看看电影。走进黑咕隆咚的影剧院，他就开始瞪大眼睛。这是一部血光飞溅的警匪片。银幕上，几个荷枪实弹的劫匪抢了一家银行后逃跑，后面的警察开始狂追。在飙车的过程中，撞翻了三辆汽车，撞死了四个人，一个人肩膀处挨了枪子，另一个人胸部开花，最后汽车冲下悬崖爆炸。

年幼的儿子吓得直往我怀里钻，惊恐得像只兔子。我反复解释这一切都是假的，但他还是用带着哭腔的声音恳求："爸爸，我要回家！"

花四十元钱买来一场恐惧，这就是我们第一次看电影的收获。只有做了父亲后，我们才会认识到色情加暴力的影片是有问题的，才会对自己童年时所看的儿童影片怀有更深切的记忆。

☆向孩子学诚信

我家住在五楼，自孩子出生以来，每天抱着他上下楼至少两次。

虽然负重登高是锻炼身体的好办法，但却不能老是这样抱下去。他身体开始灵巧，开始强壮，该让他自己去爬这楼梯。我不能抱他一辈子，况且他的体重每天都在增加。

最近一段时间，我运用了许多办法让他自己爬，其中有威胁、有利诱，也有说服教育。为此，他哭过鼻子、耍过赖，也曾一时豪情满怀，一口气爬上五楼。但总体上讲，他是不乐意合作的，因为懒惰是人的天性。

昨天，经过在楼下的一番对峙，我们终于达成了妥协：他爬到三楼，再由我往上抱。

但不知怎么回事，上楼的过程中他突然来了精神。一瞬之间，我们已爬到了五楼的家门口。

到了五楼，这小家伙突然转过神来，想起了我们在楼下商量好的协议，所以转身就往楼下跑。

"干啥去?"我问。

"去三楼，抱抱！"他急切地回答。

"已经到家了，明天再抱！"

"不，我不，我就不！"他急着眼，像受到了莫大的戏弄和欺骗。

那一刻，我真有点恼火。这算什么事啊！本来已经到了家门前，却非要下楼将楼梯"复习"一遍，但看着他眼泪汪汪的样子，我终于心软。

由此看来，幼儿也有自己的原则。虽然有时显得荒唐可笑，但这种捍卫原则的不妥协精神却是一种良好的品质。在生活中，我们常常只讲效果不讲原则，结果中华文明发展了几千年，诚信依然是一个致命的问题。

☆给啄木鸟打电话

春日的公园，一派生机盎然的景象。似锦的繁花，碧绿的草地，婉转的鸟鸣，明亮的阳光，让人陶醉。

我和孩子在公园散步，无数美景尽收眼底。

不远处，一个光秃秃的树干孤零零地矗立在阳光下，从它枯死的枝干可以看出，它被这个春天抛弃了。

“这个树怎么了？”我问儿子。

“死了。”他面带惆怅地说。

“为什么会死呢？”

“生虫虫了。”

“谁能吃掉它肚里的虫虫呢？”

“啄木鸟。”

“怎么叫啄木鸟吃掉虫虫呢？”

“爸爸，走，咱们去给啄木鸟打电话！”

☆"是什么"与"为什么"

在孩子两岁半左右的时候，他最喜欢问的问题就是"这是什么"。凡是他所耳闻目睹的东西，都在他提问的范围之内。

可能，这是一个需要对外部事物进行命名的年龄。通过词语的命名，事物才能被认识，才能成为语言的表达对象，才能被用抽象的方式掌握。孔子的弟子子路要到卫国去，临行前问他的老师到那里第一件事情应该做什么，孔子说："必也正名乎？""名不正，则言不顺；言不顺，则事不成。"大概说的就是这个意思。

现在，孩子三岁了，他向父母发问的方式正发生明显的变化。他很少再指点着某种东西问"这是什么"，而是转化为"这是为什么"。

"这是什么"要求的是对某一具体事物进行命名，它的答案只需要一个名词。"这是为什么"则指向一个动态的事件，它要求回答者讲清一件事情的来龙去脉，并对它的成因做出深度阐发。从这种差异可以看出，孩子渴望更深入地了解外部世界，也对父母提出了更高的要求。

比如，大树为什么长树叶，水龙头为什么流水，肚子为什么会咕咕叫，汽车为什么这样在街上跑等。而且，他的追问是无穷尽的，不到让人感到无聊、思维枯竭、理屈词穷决不罢休。

水龙头为什么流水？

是因为里面有水。

为什么里面有水？

是因为生活区有一个水塔在供水。

为什么水塔里有水？

是因为城市西面有一个水厂在给水塔提供水。

为什么水厂里有水？

是因为城市西边有一个湖泊。

为什么城市西边有一个湖泊？

是因为城市的北边有一条黄河。

为什么城北有一条黄河？

是因为在很远很远的地方有座雪山在融化。

为什么雪山在融化？

是因为天气变热了。

为什么天气热了？

是因为春天来了。

为什么春天来了？

是因为太阳向北转移了。

为什么太阳向北转移？

是因为……

这样无限追问下去，我们渐渐感到自己的知识储备不足了。

以上问题，表面看来有点无聊，但解释起来却相当不容易，它将会涉及物理、地理、气象、天文等一系列知识。而且，自然和人文科学的一切知识都是从最简单的问题开始讲起的，但往往表面看着简单，实际却蕴含着极其复杂的道理。所以，真正能用通俗的语言给孩子讲清，真不是一件容易的事。

根据幼儿教育专家的建议，我们永远不要因过于简单或无聊而拒绝回答孩子的问题。他追问，是因为他好奇，是因为他渴望理解这个世界之所以这样存在的道理。如果他追问的热情受到打击，他原本无限敞开的求知之门将会关闭。

所以，只要他有兴趣提问，我们哪怕把大脑掏空，也应打起精神来给孩子一个回答。如果我们自己也没有弄明白，那就为了孩子多读些书吧。

☆十二字箴言

如上所言，从追问“是什么”到“为什么”，这标志着幼儿对外部世界进行深度理解的渴望。首先，他需要具体的指称为各种事物命名，从而将繁杂的世界编织在语言里，并通过语言为世界建立秩序。其次，当世界上的事物大多被命名之后，他还想寻找这常态事物存在的深层原因和内在依据，于是关于“为什么”的追问开始了。

首先指认这个世界，然后理解这个世界，探求万事万物存在的原因，这是认识逐步深入的表征。我相信，随着年龄的增长，他还有一种新的求知冲动出现，即对世界上的事物怎样展示自己的兴趣。

也就是说，在“是什么”和“为什么”之后，接踵而来的新问题将是“怎么样”。也许再过一定时间，他会从一个提问者转化为一个观察者，去独自了解各种事物怎样在时间空间中展示自身。这种观察，意味着他将从一个自然规律的被动接受者转化为一个主动发现者，意味着外部世界的奥秘将开始靠他自己的眼睛去开启。

当然，在“怎么样”之后，他的新的目标会继续出现，他可能会继续思考一个新的问题，即“怎么办”。至此，认识的问题将转化为实践的问题，他将开始靠自己积累的知识解决自然和人生中的困难，从而开始对社会有所创造、有所贡献。

从“是什么”“为什么”，到“怎么样”“怎么办”，这十二个字是对人类认知规律的一个简单总结，也是一个心智健全的孩子一生必然经历的阶段。为了孩子的健康成长，把握这种规律是重要的，它能让我们未雨绸缪，以理性的方式规划孩子的现在和未来。

☆自理能力

放学后，和孩子幼儿园的班主任聊天，年轻的老师对儿子大肆表扬了一通，诸如懂礼貌、有教养、好奇心强、性格活泼开朗等。

天下父母没有谁不认为自己的孩子最优秀，所谓“孩子是自己的好”，正是说明我们往往会因为爱而失去理性判断的能力。但是，对于我的孩子在幼儿园的表现，我还是有充分信心的。所以，我不想听老师大唱赞歌，倒是想听听孩子有哪些弱点。

没想到这一提，仿佛勾起了老师满腹辛酸的回忆。她首先说这孩子自理能力太差，然后就开始列举一大堆事实论证她的判断。比如，吃饭时不吃菜，画画时不会拿画笔，大小便需要老师辅助，连流了眼泪也要让老师擦一擦……

不用讲了，这都是我在家里遇到过的麻烦，只是天长日久，对这些麻烦心理麻木、见怪不怪了。面对这样的孩子，可以想象老师的耐心经历了怎样的考验。

“老师，给您添麻烦了！”一边向老师道歉，一边道别，心里隐隐有一些愧意。但走着走着，内心却莫名其妙地升起一种快意：这样年轻漂亮、干净整洁，甚至有点时尚的小老师，却不得不为我的儿子擦屁股，待遇真是不低呀！

我之所以没有愤怒，甚至有点为老师的狼狈窃喜，和以下理由有关：

我认为，对于三岁的孩子来讲，“自理能力差”不是什么太大的弱点。也就是说，只要不是傻子，他终究会吃菜，终究会自己大小便，终究会自己擦眼泪。

正是孩子自理能力差，才会显出父母、老师存在的必要。在孩子出生之后的一定时期，“娇生惯养”是父母体现自己爱心的必要手段，所以，抱怨孩子给自己带来了困扰，这是一种高级牢骚。

在幼儿时期，我们应该对孩子提供尽可能多的帮助，因为孩子会从中体验到家庭和社会的温暖，形成对家庭的归属感。我相信，爱产生于依赖。正是孩子需要帮助，才为我们培养他的一些美好品质提供了机会。

当然，我们应该让孩子学习生存，渐渐成为一个独立的人。但是，与教他吃菜、大小便相比，更重要的是培养他健全的心智和美好的心灵。

☆"大块头"的诱惑

我带着孩子在马路边散步。这时，一辆推土机从身边呼啸而过，它庞大的身躯和巨大的轰鸣声，使那骄横的公交车和骄傲的小汽车避之唯恐不及。

儿子对推土机的敬仰之情由来已久。他呆呆地注视着这个巨无霸式的怪物，一直目送它消失在街道的尽头，然后抬起头来，郑重其事地告诉我："爸爸，长大我要开大推土机。"

"好！"我毫不迟疑地回答。

其实，儿子不仅长大想做推土机司机，而且想开垃圾车、大吊车、大卡车等一切个头大而且具有无比威力的运输工具。相反，他对那娇小玲珑、女里女气的小轿车缺乏兴趣。

由此可见，幼儿所爱与成年人是不一样的。幼儿生活在纯感性的世界里，对异乎寻常的大块头、大力士充满敬畏之情。而成年人对事物的判定则趋于理性，他们重视事物的内在价值和实用功能，而不太重视其形式是否具有震撼力。

可以想象，儿童在成长的过程中，他还会想当警察、解放军，会崇拜各种各样的明星。原因很简单，这些职业体现自己力量的方式都相当感性。

☆主体的觉醒

孩子三岁零两个月，他的主体意识开始形成。

主体意识，是人以自我为中心理解世界的意识，它要建构的是一个“属我”的世界。在我看来，幼儿主体意识的觉醒需要经过三个阶段。

首先，在认识的发端期，孩子对外部事物的认识是中性的，没有物我之分，也没有人我之别。比如，他一开始指认某人的时候，往往直接称对方爸爸、妈妈、姥姥、叔叔、阿姨等，甚至会将某一年龄段的人统称为爸爸妈妈、叔叔阿姨。但慢慢地，他就开始在“属我”与“属他”的人或物之间划出了界限。于是“爸爸”变成了“我爸爸”，“妈妈”变成了“我妈妈”，这样，他实际上也就以“我”为中心对周围的人群进行了简单的分类和重组。同时，对待周围的事物也是一样。他一开始指认某物的时候，也是只给某物以中性的命名，比如“小汽车”“被子”“凳子”“画书”等，但渐渐就变成了“我的小汽车”“我的被子”“我的凳子”“我的画书”。

这种对人与物的划分，既源于他对自我归属的确认，也来自于人性中天然的占有欲。在幼儿园，他步入了一个与其他小朋友相互竞争的环境，这样，“你的”“我的”“他的”，就开始有了明晰的界限。

其次，当原本一体化的对象世界被分割成了“你的”和“我的”，幼儿的认知就不再停留于事实描述，而是有了以情感判断代替事实描述的可能性。人总是偏爱属于自己的东西，幼儿也不例外。“我的”总是好的，“你的”或“他的”总是不好的。这是因为，人的爱的情感在对事物价值的判断中起了决定作用。比如，幼儿对两个与己无关的事物进行比较，像

“这两个布娃娃谁的衣服漂亮”，他是会做出客观评价的。但是，如果这其中的一个布娃娃是“我的”，那么孩子一定会说“我的”更漂亮。依此类推，“我的”爸爸比“你的”爸爸甚至比世界上任何其他的爸爸都要好。显然，幼儿主体情感的介入，使事物的价值分别受到了贬抑和提升。

再次，“我的……”和“你的……”，这种表述虽然已经使幼儿的判断带有鲜明的情感色彩，但它们都不指向幼儿自身，而是指向与幼儿发生某种关联的对象。比如“我的布娃娃”，指的仍然是布娃娃，而不是孩子自己。但是，随着时间的推移，他会发现，如果周围的一切东西都可以加上“我的”这一定语，那么，由这些“属我”的东西构成的世界就必然存在一个共同环绕的核心。这个核心不是别的，就是作为这一切物的主人的“我”自己。

正是在这种对“我的……”的爱不断强化的过程中，幼儿最终将“我的”彻底置换为“我”，由对“我的”所有物的肯定，彻底转化为对“我”自身的肯定。比如，当孩子很小的时候，你带他去爬山，问他是山高还是他高，他会老老实实地说山高，但现在他却不这样回答了，他会毫不犹豫地回答“我高”。显然，自我的觉醒导致对自我的肯定，对自我的肯定又导致自我的膨胀。为此，他不再顾及客观事实，而认为自己超越了世界上一切异己的对象。

当然，面对具有巨大威胁的对象，他也会因恐惧而使自己的头脑回归冷静。比如，一个震得地动山摇的火车开过来，他吓得哇哇大哭，魂不附体，当火车开走之后，你问他是火车厉害还是他厉害，他就会老实地承认火车厉害。这说明，理性判断的出现进一步源于对自我局限性的明智判断。

由此看来，孩子主体意识觉醒的过程，也是自我中心主义形成的过程。人在不断的挫折、碰壁中才会学得理性，学得心平气和，并知道人外有人，天外有天。这时，人对自我中心主义的肯定，就会重新让位给否定。

☆常回家看看

自1999年春节起，一首名为《常回家看看》的歌开始广为流传，连我三岁的儿子也一边随着大歌星哼哼，一边“帮妈妈刷刷筷子洗洗碗”。

但是，人类的家园在哪里？

我想，家不是物质文明高度发达的城市，也不是充满乡镇企业的现代乡村，而是在自然界的青山绿水中。人类的祖先是从原始森林中走出来的，他愈文明、愈发达，却离自己原始的森林之家愈远。

所以，常回家看看，也指经常从城市出走，到自然山水中去回味那份纯真、那份野性。

时值假日，我携妇将雏，来了一次“回家看看”。所去的“家”名叫鸡公山，在河南省的南部边界，风景一般但还怡人。这山的主峰叫报晓峰，状似鸡头，加上有一面“天下第一鸡”的摩崖石刻悬于峰壁之上，这山也就因此得名。

鸡公山管理区可能为了游客方便，允许汽车往山的纵深处开进几十公里，直抵报晓峰下。一路上马达轰鸣，喇叭声此起彼伏，让行人对汽车欲避不及，对噪声欲止不能。看来，这个“家”已失去了自然的真味，成了个被文明污染得一塌糊涂的喧嚣山沟。

所以，孩子对这次“回家”没有留下深刻的印象。与鸡公山的游历相比，他更热爱乘坐火车的感觉。

☆两只小鸭

妻子从集市上带回两只小鸭，要给孩子养着玩。我说，我们整天忙得连自己都照顾不过来，再饲养它们，不是自找麻烦吗？她说：“别人都买了，我顺便也给孩子买了两只。”

小鸭子瞪着眼睛面对陌生的一切，嘎嘎的叫声传达着内心的惊恐。我找出一个纸箱子，将它们放在里面。

孩子天生是小动物的朋友，面对着这两个弱小的生命，他高兴得在屋里乱转，并几次伸出小手，摸一摸小鸭子黄而软的羽毛。

那天晚上，儿子唱了几首关于小鸭子的儿歌。

但是，此后，这两个小生命给我们带来了巨大的困扰。它们整天不劳动、不工作，唯一考虑的事情就是吃东西，所以，一会儿不往纸箱里放食物，它们就开始嘎嘎乱叫，吵得人心烦意乱，无法在书桌前安静。

妻子的工作需要经常出差，日常家务劳动根本指望不上她。孩子从幼儿园回来后的疯狂让人难以招架，加上两只小鸭子，我就要独自侍候三条生命了。每天晚上，孩子要吃饭睡觉，小鸭子要吃饭睡觉，他们既然在我的保护伞下生存，我就有责任满足他们的一切要求。因此，半夜里，听到孩子要喝奶，听到小鸭子嘎嘎叫，我都要睡眼惺忪地爬起来，给他们准备食物。

过去，从幼儿园回来，孩子总是闹着要在街上遛遛，但现在，小鸭子的存在给了我拒绝他的理由。我会说，快回家，不然小鸭子会饿坏的。这时，儿子会放弃他的要求，心甘情愿地跟我回家。

显然，有了比孩子更弱小的生命需要照顾，他变得懂事了。 我们共同多了一份牵挂。

孩子在慢慢地成长，我知道在未来的数十年内，我们会共同生活，共同创造生活的幸福和快乐。 但是，小鸭子成长的命运可能注定是悲剧性的，因为随着它们的个头渐渐变大，我不可能让自己小小的房间成为它们的鸭圈，况且每天给它们清理秽物，确实让人对那恶臭的气味难以忍受。

而且，根据以往的经验，我相信终有一天小鸭子会被我们养死。 我们可以给它们食物，却无法给它们大自然的月白风清，更无法给它们一条河流或一个池塘，让它们在其中自在游荡。 这种天生属于大自然的生命，不能长期待在城市，无法适应被暖气搞得热烘烘的房间，更无法适应这狭窄的纸箱。

所以，还是想想办法，让它们早一点去它们该去的地方吧！

现在，我每天下班回家，就会四下望望，看有没有一个捡废品的乡下人在这里逗留。 如果他是一个慈眉善目的人，如果他的口音像我所住城市郊区的人，我会将小鸭子送给他。 如果这个人是位女性，将更好，因为我相信女性对小生命有更多的爱和同情。

时至今日，小鸭子还没有一个归宿。 在这个城市，有人知道我想送他两只小鸭子吗？

☆致命的恶习

从幼儿园出来，我们顺便到临街的一家书店看看。刚打开一本书的扉页，孩子就开始大叫："爸爸，拉裤子了！"

他这一声喊，吓得他周围的几个衣着时尚的女大学生纷纷闪躲。年轻女性一般喜欢逗孩子玩，但对孩子拉屎却反感透顶。

瞬息之间，我气得有点头晕，赶紧拉着他往外跑。找个僻静的地方，我将他脏兮兮的裤子扒下来，擦擦屁股，然后，让他光着屁股回家。

孩子让我这样当众出丑的情况并不多。今天拉裤子，应该和刚刚从幼儿园出门时，让他喝了一包花生奶有关。对于自己的"不文明"行为，他一脸的讪笑。我黑着脸训了几句，他的笑渐渐在脸上变得僵硬了。

我知道再训下去，他必然就要大哭了。想想看，一个三岁的幼童，上面流泪下面光着屁股，再张大嘴巴发出刺耳的哭声，那将是一番多么难以收拾的情景！所以为了体面起见，我拼命压制内心的愤怒，尽量在脸上浮起无所谓的笑。

说起大便，就不能不提他的一个最让人难以忍受的恶习。从两岁到现在，他一直拒绝蹲马桶，而是要拉在报纸上。这报纸不能是彩色的，不能有人像或其他图片。另外，大便之前，他必定要求将裤子全部脱掉，将鞋子穿上，将鞋带系好。这套程序，已日复一日地重复了一年两个月。

是不是彩色的报纸会对他产生负面的心理刺激？是不是报纸上的人像让他有拉在别人头上的不自在？是不是他对拉在裤子上充满恐惧，因此要求脱裤子？是不是不穿好鞋子、系好鞋带就显得对这一"重大事件"不够重视？ 我想答案应该是肯定的。

从这种程序性的习惯可以看出，大便对于幼儿是十分重要、十分神圣的事情。 他拒绝任何东西对他的这一重大活动形成干扰，就好像一个绅士赴宴前生怕身上沾染上一丝微尘一样。

按照弗洛伊德的理论，人在幼儿期有两个最重要的欲望，一个是唇欲，一个是肛欲，这是他们的快感之源。 确实，如果大便是他们获得快感的最重要途径，那么，他对这一生理行为的重视就是有充分理由的。

正是因为大便对幼儿而言是一个重大事件，所以他们总是用最认真的态度去面对。 他要千方百计地为这一活动营造一个适宜的环境和氛围，要通过将这一活动纳入一定的程序，使“操作”过程显得规范，并因此获得安全感。

不管怎样，孩子围绕大便形成的恶习是让人厌烦的。 因此我常常想，大便的孩子依然是可爱的，但如果他不大便，那么他将像天使那样完美。

☆男孩女孩

在幼年时期，男孩给父母带来的困扰明显要大一些。只要醒着，他就一刻也停不下来，而且碰啥啥坏。

三天不打，上房揭瓦。这句谚语明显是说给男孩听的。

不过，玩得好，睡得也好。他的能量在白天彻底释放完了，到晚上就像泄了气的皮球，干瘪地躺在那里，除了微微的鼾声，没有一点声息。

由此不禁让人怀念女孩。她会安静些、温柔些，家里因此会有一种优雅的气氛，这也是读书人所向往的。

是的，假如我有一个女孩多好啊！

发生在中东的一场战事已经进行了近一个月了，它对人们生活的影响正日渐加深。这中间，受影响的也包括孩子们。

像所有的男孩一样，我的孩子也爱飞机大炮，并时常拿着他的电动玩具枪到处扫射一通。那一刻，他的骄傲，他的不可一世，他的天然的暴力倾向，得到了赤裸裸的表现。

现代战争已告别了大刀长矛，改而使用导弹、飞机等各式各样的现代武器。这些武器的巨大攻击力让人恐惧，也让人产生激情。三岁男孩喜欢这些个头大、能量足的东西，所以他一看见电视上的战争新闻就两眼放光。

由于从电视上不断看到战争场面，孩子的词汇也在改变。过去，他曾用“我有枪”向家长示威，现在，他在和其他小朋友较量嘴皮子的时候，已改成了“我有大炮，我有导弹”。

但是，孩子最多不过是喜欢关于暴力的游戏罢了，他决不愿置身其中，成为施虐或受虐的对象。比如，我今晚问孩子："你喜欢飞机吗？"他回答："喜欢。"我说："那，把你送到伊拉克去吧！"他马上显得焦急地说："不，我不！"

由此可见，即使爱玩打仗游戏，即使崇尚暴力，男孩子们在本质上也是厌恶战争的。

☆给孩子一个未来

今天中午，看了一组荷兰世界新闻摄影比赛和美国普利策新闻摄影奖的获奖图片，图片的主角是孩子。他们具有不同的肤色、不同的国籍、不同的民族、不同的家庭背景，但却具有相同的人生境遇，即都在以弱小的身躯亲历战争。

无助的眼神、恐惧的哭泣、截肢的身体、凹陷的眼睛、饥饿的脸……

越战中的小女孩在汽油弹的燃烧中狂奔，她本来正和父母在田里插秧，正和小伙伴们在自己的小村庄里玩。巴勒斯坦的小男孩在向以军的坦克扔石块，他们本来应该坐在教室里学习。利比里亚的孩子肩扛武器，身上挂满成排的子弹，一副成熟大兵的形象，但却仍然长着一双天真无邪的眼睛、一张充满稚气的脸……

没有什么比孩子与战争的关联，更能让人体悟到这个世界的丑恶和残酷。他们小小的身躯与庞大的航母战斗群形成对比，他们哀哀的哭泣与集束炸弹的轰鸣形成张力。而摄影家们正是在这种力量和情感的极大不对称中再现了世界的荒诞，传达出一种富有人道情怀的巨大震撼。

放下这些图片，看着身边静静摆弄玩具的孩子，心中突然生发出一种莫名的伤感。我曾乐观地相信，21 世纪应该是一个和平的世纪，我们的孩子这一代，可能会远离内忧外患，真正生活在和平、安定、幸福之中。但是因为战争、恐惧和饥饿的存在，一切美好的愿望似乎都带上了自欺欺人的性质。面对着这种由征服欲、占有欲、摧毁欲主宰的人性之恶，我们又能做些什么？

我们都相信，靠自己的努力可以给孩子承诺一个美好的未来。为了这一点，我们在自己的岗位上努力工作，对自己的家庭辛苦经营。但是，作为一个平凡而微小的个体，我们也会时时感觉到这种承诺的脆弱。比如，我们没有能力克服人类的盲动性，不能消除由政客们刻意挑起的意识形态争斗，以及由此引发的族群、国家间的冲突和战争。

覆巢之下，岂有完卵。家庭和个人的命运向来是与国家、人类的命运捆绑在一起的。每当想到这里，我就深深感到亲子之爱、舐犊之情的局限性，感到应该有一种超越性的人类之爱，有一种“幼吾幼以及人之幼”的大责任、大关心。

我相信，没有一个成人不爱自己的孩子，这种爱是人性本善的证明。我也相信，这种爱必须推己及人，甚至推己及物，否则过度的自爱往往意味着对他者的冷漠，甚至成为对他者行使暴力、进行剥夺的心理动因。在现实生活中，我们已经屡次看到，一位母亲因为过度爱自己的孩子而冷落自己的丈夫，从而在家庭内部产生矛盾；一对夫妇因过度袒护自己的孩子而失去是非标准，从而激化了邻里矛盾；一位政治家因过于爱自己的人民而挑起国家与国家、民族与民族之间的对立，从而让战争离人们越来越近……

由此看来，一种排他性的、被私欲主宰的爱是危险的，它损害了别人，最终也必然无利于自己。所以，我们给予孩子的爱绝对不能仅仅限于我们的孩子自己，而是一种面向一切幼小生命的泛爱；我们承诺给孩子的未来也绝不能仅止于自己的孩子，而是让天下所有的孩子都有分享的可能和机会。

陶渊明和他的儿子们（代后记）

在中国历史上，陶渊明不仅是一位伟大的诗人，而且是一位多产的父亲。他一生结过两次婚，有五个儿子：老大阿舒，老二阿宣，老三老四是一对双胞胎，名叫阿雍和阿端，剩下最小的一个叫阿通。

有一年秋天的傍晚，这位田园诗人在自家的小院子里闲逛。这时，他看到东面的篱笆墙边开出了大朵大朵的菊花，金黄而亮丽的色彩将小院装点得充满生意。他在为菊花之美沉醉的瞬间，又不经意抬头看见了画出一条弯曲墨线的南山，于是感慨来了——“此中有真意，欲辨已忘言。”

此刻，我不知道诗人的儿子们在干什么。他们是在模仿着父亲游目骋怀，还是觉得这个老头吟诗的样子相当有趣？我更不知道诗人的妻子在干什么，她是在厨房里为六个男人的晚餐忙碌，还是提着烫好的酒壶等着诗人的抒情早点结束？

在乡间小院里，如果有五个壮硕的儿子列队站在我的面前，我是会感到自豪的，而且我甚至会牺牲自己的理想去为孩子们奋斗出一个美好的未来。但陶渊明，这个在中国历史上多少有些另类的诗人，却对做官和富贵具有一种天然的洁癖。这种洁癖，加上他的归隐、他的情趣、他的诗文，使他成为后世中国文人的精神偶像。但是，当局外人将一堆赞词送给这个“满肚子不合时宜”的诗人时，我却总想提醒大家记住一个有点残酷的事实，即他的妻子和孩子们靠什么生活呢？

在中国古代，文人们要想过一种体面的生活，除了家道殷实，他唯一的选择就是出来做官，用或厚或薄的薪水滋养自己的闲情雅致，并为儿孙提供较好的学习和生活条件。从屈原开始，青史留名的诗人们至少做过县长以上的官。在这一点上，陶渊明也未能免俗。“畴昔苦长饥，投耒去学仕。”从这句诗看，他青年时期是有这种想法的，而且从二十九岁到四十一岁，他确实做过江州祭酒、镇军参军、彭泽县令之类的小官。但在众多为官求官的士人当中，陶渊明又明显是喜欢特立独行的。他不会委曲求全，更不愿虚与委蛇，而且对一般士人避之不及的乡间生活甘之如饴。由此看来，所谓的“夫贵妻荣”，所谓的“一人得道，鸡犬升天”，随着他一句“田园将芜胡不归”的有力反问，妻儿们对他的期待也就化为泡影了。

种种迹象表明，辞官归隐的陶渊明不是种田的好把式，而且对乡村生活的艰苦和残酷缺乏必要的心理准备。他在南山下种了一点豆子，结果种得“草盛豆苗稀”，可见满腹的才学无助于农作物的增产和增收。从古至今，没有哪一种职业比农业劳动更出力不讨好，“锄禾日当午，汗滴禾下土。”这确实和文人追慕的闲适情调格格不入。但陶渊明却偏偏要在这种生活中寻找产生诗性精神的可能性，于是问题就来了：对于田园，农夫一心一意地种豆，他却三心二意地去“种诗”；农夫关心的是谷物的收成，他关心的是田园的风景；农夫流淌的是汗水，他流淌的是诗情。最后，农夫的仓廪满了，陶渊明的诗匣也满了，但美妙的诗篇却怎么也变不成盘中的食物。于是，诗人和他的儿子们的日常生活就显得很惨：“夏日长抱饥，寒夜无被眠”，“菽麦实所羡，孰敢慕甘肥”。在肚皮永恒的抗议声中，精神的高洁被染上污浊。所谓“君子固穷”的志节，也似乎要变得不堪一击。

“饥来驱我去，不知竟何之。行行至斯里，叩门拙言辞。”诗人被饿到了要出门讨饭的地步，斯文要扫地了。此刻，他的儿子们又在做什么呢？在等着讨饭的诗人爸爸带点食物回家吗？

如果诗人的儿子们相信爸爸会给他们带饭，那他们可就错了。因为陶渊明虽然自感讨饭有辱斯文，但基于中国崇诗敬文的美好传统，他却常常能碰到仁慈的施主。于是，“谈谐终日夕，觞至辄倾杯”，他在施主家喝上了，而且不醉不归。这个一走三晃的醉中仙人，还会记得给儿子们带吃的吗？

陶渊明好酒在中国历史上是出了名的，到宋代，苏东坡还以他为榜样，吟出“甚欲随陶翁，移家酒中住”之类的妙句。读陶诗，确实处处透着一股酒的清香：“清琴横床，浊酒半壶”是他喜欢的人生状态，“在世无所须，惟酒与长年”是他的人生理想。他喝酒时不太讲究菜肴，从菜园子里摘几根黄瓜、拔几棵大葱就可以佐酒了（“欢言酌春酒，摘我园中蔬”）。但喝着喝着，他患上酒精依赖症了，一天不喝就“暮止不安寝，晨止不能起”。这种不良嗜好不但耽误了农活，喝坏了身体，而且还浪费家里本已不多的口粮——“春秋作美酒，酒熟吾自斟。”诗人将粮食都做了酒，他的儿子们吃什么呢？

既讨厌做官，又不擅长农业劳动，加上对白酒不倦的爱，注定陶渊明一生要过得潦倒。在我的眼里，诗人是不适合结婚的，更不适合要孩子，因为这种纯粹精神性的职业不能创造任何的实用价值。可悲的是，陶渊明不但结婚了，而且先后结了两次；不但生子，而且前后生了五个。进而言之，既然娶了妻生了子，他就要务实一些——老老实实做官或辛辛苦苦种豆，让妻子和孩子们的生活有个依托。但陶渊明不是这样，他仍然要活得像菊花那样高洁，仍然幻想桃花源里的乡民会为他天天“杀鸡设酒”。这样，热爱生活却不善于经营生活的诗人——拼带着他的妻儿——必然要运交华盖了。

从陶渊明留下的史料看，他的家庭生活还算幸福。无论他在彭泽县做出“不为五斗米折腰”的重大决定，还是将自家的田地种得一塌糊涂，他的妻子和儿子都没有埋怨过。他当官就随他当官，他喝酒就任他喝酒。即便在“旧谷既没，新谷未登”之际饿得去讨饭，他的妻子也没和他红过脸——“年饥感仁妻，泣涕向我流。”妻子只是向丈夫抹了一把眼泪，绝不会像嫦娥那样扔下后羿去奔月，也不会像苏格拉底的悍妻那样经常让丈夫难堪。陶渊明的儿子也相当好玩。当他喝着自酿的杯中物时，最小的儿子阿通经常在他膝前爬上爬下——“弱子戏我侧，学语未成音。此事真复乐，聊用忘华簪。”

作为古今中外的通例，一个女人，她不应该将自己的命运无条件地托付给生活在云端的诗人，否则，她的挨饿受穷将成为必然。但是，如果女人心甘情愿地跟着诗人挨饿受穷，从不提出质疑和挑战，这种生活的困窘倒也不会影响家庭的和睦稳定。从这一点看，陶渊明在家庭生活方面还是拥有相当高的幸福指数的。这是他能够气定神闲地做田园之梦的最重要保证。

但是，家庭的和睦、田园的梦幻，依然不能遮掩陶渊明心中的痛楚。这种痛楚来自他在教育孩子方面的失败感。在《责子》诗中，他对自己的五个儿子有如下的评价：

白发被两鬓，肌肤不复实。
虽有五男儿，总不好纸笔。
阿舒已二八，懒惰故无匹。
阿宣行志学，而不爱文术。
雍端年十三，不识六与七。
通子垂九龄，但觅梨与栗。
天运苟如此，且进杯中物。

对一个成年男子来说，腹中的饥饿忍一忍就过去了，“白发被两鬓，肌肤不复实”也是自然规律。但是，望子成龙的愿望却带有一点形而上的性质，即孩子的成功不但会使父辈充满教子有方的成就感，而且意味着他的生命将会以一种更高级的方式在未来得到延续。从这一点看，贫穷并快乐着的陶渊明注定是找不到自己的未来了。很久很久以前，一位白手起家的老爷子养了一个纨绔子弟，他每天一看见儿子就觉得碍眼。但这个不争气的儿子却为他生了个争气的孙子，一次大考就赚了个状元及第回来。在庆功宴上，老爷子评价起自己的儿子，言语之中自然又带着许多不屑和轻蔑，但他的儿子这次却不愿再忍气吞声。他振振有词地讲："哈哈，老爷子！我的爸爸比你的爸爸强，我的儿子又比你的儿子强，你还有什么值得骄傲的呢？"

显然，这个不争气的儿子从他的儿子身上找到了自我实现的感觉，他失去了现在却拥有了未来。借此，他一生的压抑和挫败感一扫而空，实现了辉煌的人生大翻转。

陶渊明一生没有享受到这种让人扬眉吐气的成功，这已被历史证明。他一生向往田园，歌颂田园，却不期然又为田园培养了五个壮硕的庄稼汉。这是颇具讽刺意味的。假如中国有上帝，也许这是上帝要和苦难的诗人开个玩笑——既然你笔下的田园生活这么美好，那就让你的儿子们在这诗意盎然的田园里做农夫算了。

但这显然有违陶渊明的意愿。像天下所有的父亲一样，陶渊明爱自己的孩子，甚至"夙兴夜寐，愿尔斯才"。为此，他在长子阿舒出生时一口气写了十首诗，篇篇都被后来的"陶迷"们奉为经典。在这组诗中，他从远古的陶唐氏开始追述显赫的家世，希望儿子能继往开来，再显重光；妻子怀孕时，他就卜嘉日、占良时，算计取个好名字；儿子出生时，他也忘了"闲饮东窗"的潇洒，而是忙着磨石生火，烧水做饭。一句"夙兴夜寐，愿尔斯才"，道出了他对孩子多么殷切的期望啊！

当五个儿子都成了不喜文墨的庄稼汉，我能体验到陶渊明的失望。那么，问题到底出在哪里？今天，有人从遗传学和优生学的角度分析，认为是他喝酒太多影响了孩子的智力。这种说法没有必然性。首先，他的父亲陶逸也是个酒中仙，但陶渊明的智力并没因此受到影响。其次，他的"懒惰故无匹"的大儿子出生时，陶渊明二十九岁，这时他应该还没有染上严重的酒瘾。再次，中国古代的酒一定没有现在的酒酒精含量高。像魏晋时期的阮氏家族可以对着大酒缸豪饮，宋代的武松可以一口气喝下十八碗酒，这在今天是不可想象的。

我认为，陶氏教育孩子的失败首先在于他的多子。对于父母来讲，一个孩子是个宝，成堆的孩子就都变成了草；孩子越多越贬值，有时候甚至会贬值到仅具有数学意义的层面。试想，老大、老二、老三……老七、老八一直排下去，父母有时候连他们的名字都记不住，教育当然就无从谈起了。

最近，我的孩子从外面带回一首顺口溜，读起来相当解颐：

老一开飞机，老二开坦克。
老三卖豆腐，卖了老四一屁股。
老五老六都来看，老七老八都滚蛋。
老九拿个手榴弹，炸得老十稀巴烂。

这首顺口溜是在描写一个多子家庭的混乱状况。其中，被十位数简单标出的十兄弟，有的玩飞机坦克，有的做卖豆腐游戏，有的在一边津津有味地观看。玩着玩着就吵起来了，吵着吵着又打了起来。陶渊明家一定经历过这种闹成一锅粥的状况，但从他的《责子》诗看，他面临的问题要更加严峻：老大懒惰，老二的聪明没用在正地方，老三老四到了十三岁还不能数到十，老五整天就惦记着摘个梨摸个枣吃。显然，这是一群让诗人找不到美好感觉、看不到未来的孩子，是他唯美、诗意心灵的敌人。按照陶渊明遇事逃避的一贯个性，他既然可以为远离尘世的喧嚣躲到乡下，当然也会为躲避这群不争气的孩子而进一步逃到酒里。“天运苟如此，且进杯中物”，烦到最后，喝醉拉倒，让望子成龙的美梦见鬼去吧！

诗人陶渊明有很多烦恼，但我相信，关于孩子的烦恼则更多源于他自己。作为一个诗人，他需要拒绝现实，但作为一个丈夫和父亲，他却应该和现实达成一定的妥协，尽量学一些有用的谋生手段和智慧。“屡空不获年，长饥至于老”，在他留下的不多的诗篇中，涉及饥饿的就有数十首，可见饥饿成了他此生挥之不去的梦魇。当被饥饿折磨时，他可以去讨饭，可以被一些爱慕其诗艺的人邀去共食，可以用精神的力量战胜饥饿，甚至可以靠年老胃器官的衰退来增强对饥饿的抵抗力，但他的儿子们却没有这种优势。可以想象，这是一群整天为胃的匮乏而忧心忡忡的孩子，是一群见到食物就两眼冒光的孩子。对食物的渴望占据了他们的心灵、用尽了他们的智力，他们怎么会有心思舞文弄墨呢？当身体的正常发育甚至能不能活下去都成为问题时，他们的爸爸却要求他们成才，这不是有点太匪夷所思了吗？

除了多子和饥饿，陶渊明的归隐也成为他的儿子们成才的致命障碍。对于乡村生活，陶渊明一方面像农夫一样自耕自食，另一方面则有高蹈的心灵将他引向精神的彼岸。这种对乡村生活的审美超越和反观能力是他成为田园诗人的重要因素。但是，他的儿子们却不可能具有这种精神的二元性。他们从肉体到心灵都属于乡村。他们和农家子弟操着同样的语言，关心着同样的问题，除了上树掏鸟蛋、下河摸泥鳅，没有机会了解外面的世界。这种与农家子弟毫无二致的生活方式限制了他们的视野，制约了他们精神的成长。或者说，他们只是生活在诗人的诗中，只是诗人玩赏、旁观的素材，而无法完成从诗的对象向诗的主体的跃升。

从以上分析可以看出，多子、饥饿、乡村生活，已先在地决定了陶渊明的五个儿子成为农夫的命运，而所谓的育子成才也当然成了他不切实际的士人之梦。当然，如果陶渊明有坚强的意志，儿子们成才也并非不可能。中国历史上不乏起于乡野、终于庙堂的才俊之士。但是，从陶渊明一贯淡泊名利的思想状态看，他是不会教育孩子“书中自有黄金屋”或“颜如玉”的；从他自由散漫的个性看，也很难想象他会让孩子们闭门读书，断绝与只会掏鸟蛋、摸泥鳅的农家子弟交往。另外，他的生活旨趣是与老百姓“相见无杂言，但道桑麻长”，他的生活理想是沉浸于“阡陌交通，鸡犬相闻”的田园风光，他又怎么能教育孩子胸怀大志，到外面的世界去拼去闯呢？

显然，陶渊明的生活理想与望子成龙的愿望之间具有不可调和的矛盾。他一生向往乡村，他的儿子最终成了农民，这才真正符合生活的逻辑。假如陶渊明为此深深陷入烦恼，甚至像无数当今农村父母那样希望自己的孩子走入都市，那就会让人怀疑他写田园颂诗的真诚了。

诗人是凭感觉生活的。对于这种现实与理想的矛盾，也许陶渊明一生都没有想明白。但值得庆幸的是，陶渊明和屈原不同，他天性达观，没有能力解决问题，但却有充分的能力化解问题。这种能力使他从不跟自己过不去，对一切世间的沉浮、忧乐看得很开。比如，对待大儿子阿舒，他虽然“夙兴夜寐，愿尔斯才”，但接着就说了一句让人哭笑不得的话：“尔之不才，亦已焉哉！”有时候，即便这些问题让人暂时想不开也没关系，因为还可以用酒来自我排遣。是的，“天运苟如此，且进杯中物”，数杯老酒一下肚，就什么烦恼都没有了。

陶渊明就是这样一位让人可笑又可气、可爱又可恼的父亲。他善于编织梦想，却不擅长经营家庭；他像天下所有父亲一样望子成龙，却最终将儿子们“望”成了虫。但是，不管家庭生活是富裕还是贫穷，不管孩子是成了龙还是成了虫，生活还要继续，太阳明天还照样升起。所以，对为父为母的人而言，大概没有什么比学会用快乐的心情化解烦恼更重要。

这大概就是陶渊明给予我们的最重要的启迪了。

出 版 人　所广一
策划编辑　殷梦昆
责任编辑　何　威
版式设计　曹友廉　郝晓红
封面设计　曹友廉　吴畑钿
插图绘制　邸　南
责任校对　贾静芳
责任印制　曲凤玲

图书在版编目（CIP）数据

读懂童心/刘成纪著. —北京：教育科学出版社，2014. 10
（成长手记系列）
ISBN 978-7-5041-9078-9

Ⅰ. ①读…　Ⅱ. ①刘…　Ⅲ. ①家庭教育　Ⅳ. ①G78

中国版本图书馆 CIP 数据核字（2014）第 226948 号

读懂童心
DUDONG TONGXIN

出版发行　教育科学出版社

社　址	北京·朝阳区安慧北里安园甲 9 号	市场部电话	010-64989009
邮　编	100101	编辑部电话	010-64981157
传　真	010-64891796	网　址	http://www.esph.com.cn
经　销	各地新华书店		
制　作	北京金奥都图文制作中心		
印　刷	北京中科印刷有限公司		
开　本	185 毫米×206 毫米　20 开	版　次	2014 年 10 月第 1 版
印　张	13. 5	印　次	2014 年 10 月第 1 次印刷
字　数	172 千	定　价	28. 00 元
